これでわかる！

相続で必要になる戸籍の見方・調べ方

篠崎哲夫 著
漫画・イラスト：枝 作

日本加除出版株式会社

はしがき

親の死は、その配偶者にとっても、また、子にとっても人生の一大事です。親の死を知ったときの悲しみ、喪失感は、いかばかりでしょう。

この状況にあっても、家族は死亡の届出をし、葬儀を執り行わなければなりません。

そして、その後、死亡した者の相続財産の分配について、相続人間で話し合うことになります。相続を話し合うためには、まず、「誰が被相続人の相続人であるか」を確定しなくてはなりません。

相続人を確定するには、戸籍謄本が必要となります。

しかし、多くの人々が戸籍のことを考え、必要とするのは、婚姻の届出をするとき、出生の届出をするとき、あるいはパスポートを取得するなど特別なときではないでしょうか。

このように日々の生活においては、戸籍のことを考えることは、なかなかありません。にもかかわらず、親の死という大きな混乱のなかで、死亡の届出をすることになります。死亡の届書には、死亡した者の本籍及び筆頭者の氏名を記載し、また、死亡の届出をする者についても、その者の本籍及び筆頭者の氏名を記載しなくてはなりません。

本籍とは何？　本籍と住所は異なる？　本籍は何処？　筆頭者は誰？　等々、戸惑われることと思います。

本書では、父親が倒れたことを母親から電話連絡を受けた長男（一郎）が病院に駆け付けるところから始まり、父親が死亡したため死亡の届出をし、葬儀を執り行い、一段落した後に相続人となるであろうところの母親と子（長男、二男、長女）が集まり、相続の話し合いを始めるところまでを漫画で分かり易く描いております。

次に、プロローグにおいて本籍及び筆頭者についての説明をし、死亡した父親の家族構成を例として取り上げ、相続人を確定するための経過を順次、説明することによって、容易に相続人を確定することができるよう試みました。

本書が、少しでも多くの方の参考になれば幸甚です。

平成二十五年十一月一日

篠崎　哲夫

著者紹介

篠崎哲夫（しのざき　てつお）
元新潟地方法務局首席登記官（不動産担当）
市町村職員中央研修所課題解決フォーラム〈戸籍事務〉講師（現在）

漫画・イラスト
枝作（えださく）
漫画家。静岡県生まれ

凡例

法令、先例等は次のように略記しました。

民……………民法
戸……………戸籍法
戸規…………戸籍法施行規則
国……………国籍法
国規…………国籍法施行規則

平二〇・四・七民一第一〇〇〇号通達………平成二〇年四月七日法務省民一第一〇〇〇号民事局長通達

目 次

プロローグ……1
第1章 どうして相続に戸籍が必要か……7
第一 死亡届から遺産分割まで……7
一 死亡の届出 7
二 遺産の分割 10
第二 相続人を確定するために必要な戸籍の範囲……11
第三 戸籍の入手方法……12
一 戸籍があるのは本籍を管轄する市区町村役場 12
二 戸籍の謄本等を請求できる者 12
(1) 本人等が請求する場合 13
(2) 第三者が請求する場合 13

(3) 弁護士等が請求する場合 14
三 戸籍謄本等を請求するときに必要なもの 15
(1) 市区町村の窓口で請求するときに必要なもの 16
(2) 郵送等により請求するときに必要なもの 19
(3) 請求者の代理人又は使者が請求する場合に必要なもの 20
四 戸籍謄本等を請求するには手数料が必要 21

第四 戸籍に記載されている事項……21
一 戸籍の編製とは 22
二 戸籍に記載されていること 23
(1) 氏名の記載 23
(2) 戸籍事項欄の記載 24
(3) 身分事項欄の記載 25

第2章 新戸籍編製と除籍……31

第一 新戸籍の編製……31
1 日本人同士が婚姻した場合 32

目　次

2 日本人と外国人が婚姻した場合　32
3 三代戸籍禁止の原則　35
4 離婚、離縁した場合　35
5 夫婦の一方が死亡し生存配偶者が復氏した場合　35
6 子が父又は母と氏を異にするため子の氏を父又は母の氏に変更した後、従前の氏に復する場合　39
7 離婚の際に離婚時の氏を称する届出をした場合　39
8 離縁の際に離縁時の氏を称する届出をした場合　42
9 入籍すべき者に配偶者がある場合　42
10 外国人と婚姻・離婚した場合等やむを得ない事由によって氏を変更する場合　45
11 特別養子縁組の場合　47
12 性別の取扱いの変更の審判を受けた場合　47
13 分籍をした場合　47
14 無籍者の場合　52
15 転籍をした場合　55
16 皇族の身分を離れた場合　59

第二　除籍とは……59

一 戸籍に在る者全員がその戸籍から除かれた場合 59
[1] 戸籍に在る者の全員が死亡した場合 60
[2] 夫婦二人だけの戸籍の者が夫婦で養子となった場合 61
[3] 特別養子縁組によって新戸籍が編製された場合 62
[4] 棄児発見調書によって戸籍が編製された棄児が、父又は母に引き取られた場合 63
[5] 戸籍にある者が全員国籍を喪失した場合 64
[6] 他の市区町村へ転籍したときの従前戸籍 65
[7] 戸籍訂正による戸籍の全部消除 65
二 一つの戸籍内にある者が、婚姻、養子縁組、分籍及び死亡などの原因によって除籍される場合 68
[1] 婚姻による場合 68
[2] 戸籍の筆頭に記載した者及びその配偶者以外の者がこれと同一の氏を称する子又は養子を有するに至った場合 68
[3] 養子縁組による場合 71
[4] 婚姻によって氏を改めた者が離婚した場合 71
[5] 養子縁組によって氏を改めた者が離縁した場合 71
[6] 婚姻又は縁組取消しの裁判が確定した場合 71
[7] 生存配偶者が復氏した場合 76
[8] 子の氏の変更の場合 76

[9] 特別養子となった者が離縁する場合 79
[10] 性別の取扱いの変更による場合 81
[11] 死亡、失踪の宣告又は国籍を失った場合 81
[12] 分籍の場合 82

第3章 改製原戸籍、戸籍の再製とは …… 87

第一 改製原戸籍とは …… 87
一 明治三一年式戸籍 89
二 大正四年式戸籍による明治三一年式戸籍の改製 91
三 昭和二三年式戸籍（現行戸籍法）による大正四年式戸籍の改製 93
四 平成六年法律第六七号電子情報処理組織による戸籍事務の取扱いに関する特例による昭和二三年式戸籍の改製 100

第二 戸籍の再製とは …… 104
一 戸籍、除籍及び改製原戸籍が滅失した場合の再製 104
二 戸籍、除籍及び改製原戸籍が滅失のおそれがある場合の再製 106
三 虚偽の届出等により戸籍の記載がされ、その記載が戸籍訂正によって訂正された戸籍について、申出により再製する場合 106

四　成年後見及び保佐に関する事項（従来の禁治産宣告又は準禁治産宣告の記載）の記載がある戸籍が、後見登録等ファイルに記録されたことにより再製する場合　110

第４章　相続における戸籍の見方……113

第一　紙媒体の時代……114
一　明治三一年式戸籍　114
二　大正四年式戸籍　118
三　昭和二三年式戸籍（現行戸籍）　124

第二　コンピュータ媒体の時代……142
一　戸籍事務のコンピュータシステムによる処理　142
二　コンピュータ記載例　148

第三　戸籍を遡る……153
一　通常の相続の場合　153
二　数次相続の場合　169

第四　高齢者消除の記載……174

エピローグ～太郎に認知した子どもがいた場合……177

佐藤一家の相続にまつわるお話

これから始まる漫画は、佐藤一家の相続にまつわるお話です。
この一家のストーリーを軸に、
本書は戸籍の見方について解説していきます。
それではさっそくみていきましょう。

はい。もしもし
…なんだ母さんか
今、仕事中なんだ
一郎！
お父さんが
急に倒れてしまって…
救急車で運ばれて、
今病院なの

え、なんだって！
とにかく早く来て
みんなにも
連絡するから…
わかった
すぐ行く
父さん…
病院

病院に搬送された時には
もう、残念ですが…
母さん…
ひとまず
みんな、落ち着こう
何言ってんだよ、
兄さん
こんなときに
落ち着ける訳
ないだろ！
感情的になっても
しかたないだろ
だけどさ
兄さん！
やめて！
もう
いいかげんにしてよ！
こんな時に
何でもめるの！
……
ごめん……

…あの
はい
死亡診断書をお出ししますが死亡届書のご用意は？
死亡届？死亡診断書？
はい
役所に提出する書類になります事務手続もございますので別室で説明させていただきます
死亡届
…わかりました
ひとまず説明を聞いてくるからみんなは母さんのそばにいてあげてくれ
今は母さんが一番つらいんだ僕ら兄弟で、力を合わせよう
うん

次の週末
ありがとう
はい
コトッ
ひとまず母さんは上で休んでるって
そっか
あっという間の一週間だったな
バタバタしっぱなしだったし
でもさ、ぶっちゃけ母さんいないから言えるけど、今後どーするよ？
たしかにな
この家もこのまま母さん一人って訳にもいかないしな…
z z z

荷物の片付けもあるし…
あ！
どうしたの？
ガサ ガサ
荷物の片付けで思い出したけど遺影の写真探したらこんなのが出てきたのよ！
と、父さん!?
今とは…
ニャント!!
ぜんぜん違う
こんなの母さんには見せられないから隠しておいたのよ
どうみても
プレイボーイよね…
い〜〜ん
ま、まあ
誰だって、若い時はあるもんだし…

でもこれなんか
子供と一緒に
写ってるし
大丈夫かな？
隠し子発覚とか
ないよね
カチャ
隠し子…まさか
考えすぎだろ
でも、
なんとなく
父さんに
似てる気も
するし…
・・・・
やばいな
こりゃ、うかつに
他の段ボールも
開けれないな
もっと変な物
でてきても
困るし…
ざわ
ざわ
相続の際に
色んなところから
私も子供ですって
シャレにならんだろ…
はじめまして!!
そんな、
マンガじゃあるまいし
ズル
・・・・
母さんには
秘密にしておこう
俺も自分で調べてみるよ
・・・

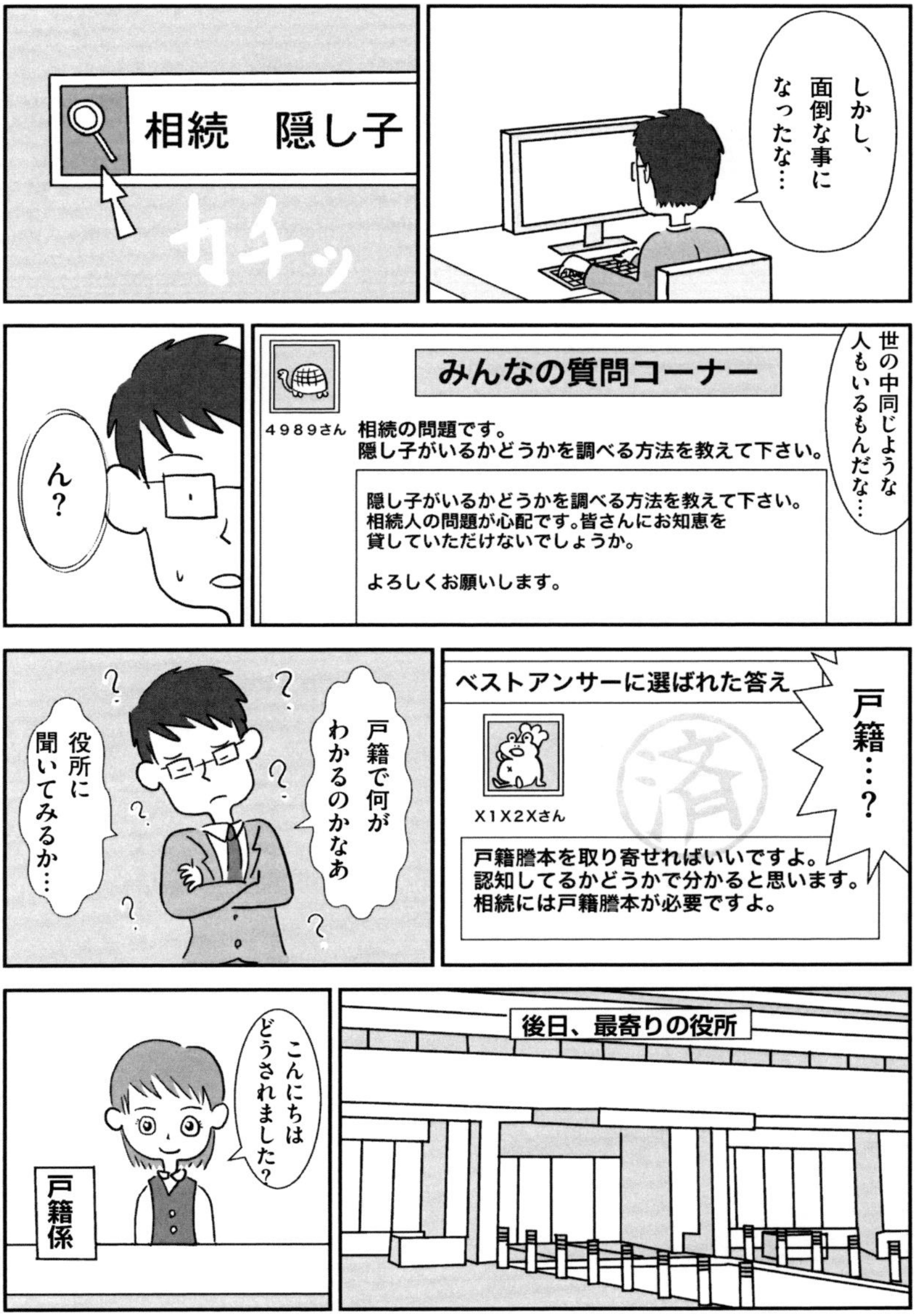

相続　隠し子
カチッ
しかし、面倒な事になったな…
みんなの質問コーナー
4989さん
相続の問題です。
隠し子がいるかどうかを調べる方法を教えて下さい。
隠し子がいるかどうかを調べる方法を教えて下さい。
相続人の問題が心配です。皆さんにお知恵を
貸していただけないでしょうか。
よろしくお願いします。
世の中同じような人もいるもんだな…
ん？
戸籍…？
ベストアンサーに選ばれた答え
済
X1X2Xさん
戸籍謄本を取り寄せればいいですよ。
認知してるかどうかで分かると思います。
相続には戸籍謄本が必要ですよ。
戸籍で何がわかるのかなぁ
役所に聞いてみるか…
後日、最寄りの役所
こんにちはどうされました？
戸籍係

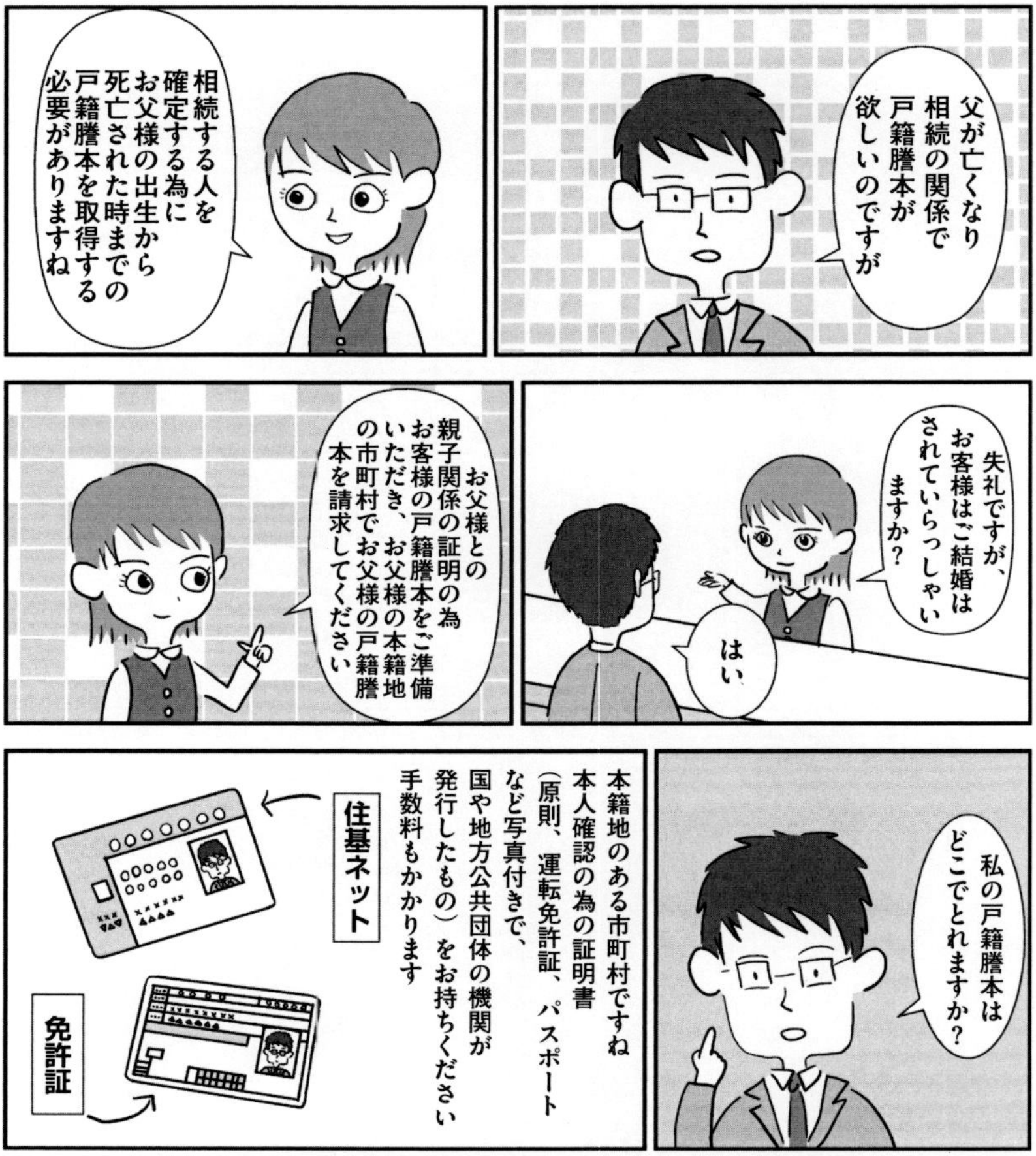
父が亡くなり相続の関係で戸籍謄本が欲しいのですが
相続する人を確定する為にお父様の出生から死亡された時までの戸籍謄本を取得する必要がありますね
失礼ですが、お客様はご結婚されていらっしゃいますか？
はい
お父様との親子関係の証明の為お客様の戸籍謄本をご準備いただき、お父様の本籍地の市町村でお父様の戸籍謄本を請求してください
私の戸籍謄本はどこでとれますか？
本籍地のある市町村ですね
本人確認の為の証明書（原則、運転免許証、パスポートなど写真付きで、国や地方公共団体の機関が発行したもの）をお持ちください
手数料もかかります
住基ネット
免許証
郵送の対応もありますよ
分かりましたありがとうございます
父親の本籍地はたしか千葉の富里。死亡届にあった自分の本籍地も同じだったよな……とりあえずいってみよう
続

↓結末は184頁

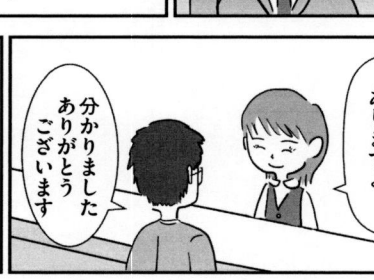

プロローグ

皆さんは、普段、生活をするうえで「戸籍」を意識することは、あまりないかと思います。戸籍の謄本等が必要となるのは、婚姻の届出をするとき、あるいは、パスポートを取得するための手続のとき等です。

そのため戸籍の謄本等が必要となった場合、「どこで交付され（入手す）るのか」、「どのような方法で交付を受けるのか」等、戸惑われたことはないでしょうか。

また、戸籍謄本等の交付を受けるには、「本籍（本籍地ともいう）」と「筆頭者」で必要とする戸籍を特定しなくてはなりません。

「自分の本籍はどこか？」、「戸籍の筆頭者は誰か？」ご存知ですか。

これらの点については、「第一章第三　戸籍の入手方法」で詳しく説明しますのでそちらをご覧ください。

さて私たち日本国民には、居住している場所を表示する「住所」、戸籍を特定するものの一つである「本籍」、そして、土地の所在を示す不動産登記法上の「地番」の三つが、私たちが生活していくうえで関係しています。

かつて筆者は、「本籍の住所は、どこですか？」と質問されたことがあります。住所と本籍地がごちゃごちゃな例ですね。これは、本籍が「戸籍のある場所」であることを理解していないからに他なりません。正しくは、「本籍は、どこの土地にありますか？」となります。

ここで戸籍をみるにあたって必要となる「本籍」と「筆頭者」について整理してみましょう。

・戸籍謄本等を請求するには「本籍」と「筆頭者」の情報が必要

本籍は、戸籍謄本等を請求する場合、該当する戸籍を特定するもので、「戸籍がある場所（土地）」です。本籍は、コンピュータ・システム及びコンピュータ化されていない紙戸籍（以下、単に紙戸籍という。）では、「本籍」欄に記載・記録（以後、記載で統一する。）されます。

筆頭者は、本籍と同じように、戸籍を特定するもので、「戸籍の一番最初に記載されている氏名」のことです。

筆頭者氏名は、コンピュータ・システム及び紙戸籍では「筆頭者氏名」欄に記載されます。

・死亡していても筆頭者は筆頭者

相続関係説明図（五頁）の筆頭者である佐藤太郎さんが、平成二四年一〇月八日に死亡し、除籍された場合でも筆頭者は佐藤太郎さんであり、配偶者の佐藤梅さんが筆頭者になることはありません（戸九条）。

▼住所、本籍、不動産登記法上の地番の違い

住所とは、生活の本拠として、住んでいる所（民二二条）であり、住民票に記載されている場所です。例えば、東京都墨田区菊川〇丁目〇番〇号のように表示されます。

本籍とは、先に述べましたように、戸籍がある場所です。日本国内であれば全国の市区町村の区域内の、どこにでも自由に定めることができます。そのため皇居を本籍にしている方も多いとのことです。不動産登記法上の地番とは、土地の所在を示すもので、土地を売買する場合等にその土地を特定するものです。

▼住所と本籍を一致させる転籍届、分籍届

人の移動がそれほど頻繁でなかった時代には、住所と本籍が一致している場合が多くありました。しかし、地方に住んでいる人々が都市へ集中する等、人々の移動が活発になると住所のみ変更し、本籍は変更しないケースが増え、住所と本籍が一致しない状態が生ずるようになりました。

移転した住所に本籍を一致させる方法として、「転籍届」と「分籍届」がありますが、詳細は「第二章第一　新戸籍の編製」をご覧ください。

さてそれでは戸籍謄本等が必要となるのはどのようなときでしょう。多くの方にとっては、婚姻の届出や出生の届出をするとき、あるいはパスポートを取得するための手続のときかと思います。これらの場合に必要なのは、本人が記載されている現在戸籍（今現在、請求する当該本人が記載されている、一番新しく編製された戸籍のこと。）だけで足りるでしょう。

一方、本書のテーマである相続の場合はどうでしょうか。相続が発生（例えば父親が死亡）した場合は、死亡の届出をすることによって、死亡した父親（被相続人）の現在戸籍の身分事項欄に死亡の事実が記載されます。そこで、まず、父親の現在戸籍の謄本等を入手し、次に、死亡した父親の相続人を確定す

ることになりますが、確定のためには、父親に関係する多くの戸籍謄本（相続人の現在戸籍は抄本で足りますが、その他は全て謄本）が必要となります。

冒頭にあるマンガに登場した一家を例に挙げてみましょう。

東京都墨田区に居住する佐藤一郎さんは、奥さんと長男、長女の四人家族です。一郎さんの両親は、千葉県富里市で生活しています。ある日、一郎さんのお父さん（太郎）が突然倒れ、入院先の病院で死亡したとの知らせがありました。あわてて病院に駆けつけたところ、病院に集まったのは、一郎夫婦、弟（二郎）夫婦、独身の妹（栄子）、そして一郎さんのお母さんでした。

この一家の親族関係を示してみますと、次のようになります（相続関係説明図）。

相続関係説明図

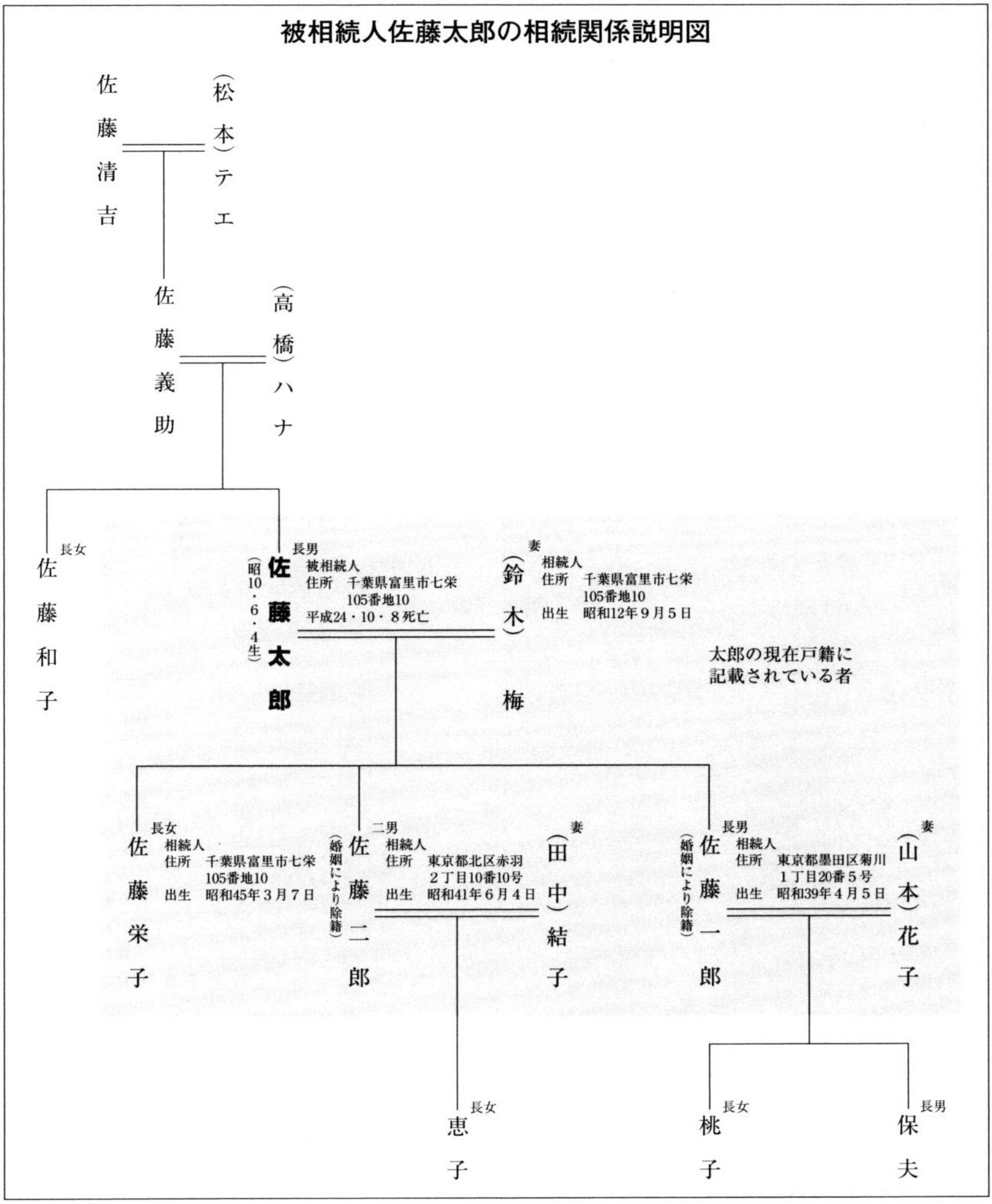

被相続人佐藤太郎の相続関係説明図
佐藤清吉
（松本）テエ
佐藤義助
（高橋）ハナ
長女 佐藤和子
長男 佐藤太郎（昭10・6・4生）
被相続人
住所　千葉県富里市七栄105番地10
平成24・10・8死亡
妻 （鈴木）梅
相続人
住所　千葉県富里市七栄105番地10
出生　昭和12年9月5日
太郎の現在戸籍に記載されている者
長女 佐藤栄子
相続人
住所　千葉県富里市七栄105番地10
出生　昭和45年3月7日
二男 佐藤二郎（婚姻により除籍）
相続人
住所　東京都北区赤羽2丁目10番10号
出生　昭和41年6月4日
妻 （田中）結子
長男 佐藤一郎（婚姻により除籍）
相続人
住所　東京都墨田区菊川1丁目20番5号
出生　昭和39年4月5日
妻 （山本）花子
長女 恵子
長女 桃子
長男 保夫

相続関係説明図とは、被相続人である佐藤太郎さんと一定の身分関係に基づく相続関係者を把握し、具体的に相続人を確認するとともに、これらの者を一覧に掲げることによって、被相続人と相続人の関係が容易に分かるようにするために作成するものです。

なお、各相続ごとに相続人の範囲は異なりますので、その都度、相続関係説明図を作成することになります。

前記の相続関係説明図を基に、太郎さんの死亡から死亡の届出そして死亡により発生した相続の相続人の確定までを説明することにしましょう。

第1章　どうして相続に戸籍が必要か

第一　死亡届から遺産分割まで

一　死亡の届出

一郎さんのお父さん（太郎）が急死したことによって、まず最初にしなくてはいけないことは、死亡の届出をすることです。死亡の届出については、誰が、何処に何時までに届け出なくてはならないかということが戸籍法に規定されています。

死亡の届出をする人については、同居の親族、同居者、家主など一定の者に死亡の届出義務を負わせています（戸八七条一項）。さらに同居の親族以外の親族、後見人、保佐人等が届出をすることができる旨を定めています（同条二項）。

死亡の届出をする期間は、届出義務者が死亡の事実を知った日から七日以内に届け出なくてはなりませ

死亡診断書（死体検案書）

記入の注意

この死亡診断書（死体検案書）は、我が国の死因統計作成の資料としても用いられます。かい書で、できるだけ詳しく書いてください。

氏名　佐藤太郎　（1男）　2女
生年月日　明治　（昭和）　大正　平成　10年6月4日
生まれてから30日以内に死亡したときは生まれた時刻も書いてください　午前・午後　時　分

死亡したとき　平成24年10月8日　午前（午後）1時10分

(12)(13) 死亡したところ及びその種別
死亡したところの種類　（1）病院　2診療所　3介護老人保健施設　4助産所　5老人ホーム　6自宅　7その他
死亡したところ　千葉県富里市七栄36　番地1　~~番　号~~
（死亡したところの種類1～5）施設の名称

(14) 死亡の原因
◆Ⅰ欄、Ⅱ欄ともに疾患の終末期の状態としての心不全、呼吸不全等は書かないでください
◆Ⅰ欄では、最も死亡に影響を与えた傷病名を医学的因果関係の順番で書いてください
◆Ⅰ欄の傷病名の記載は各欄一つにしてください
　ただし、欄が不足する場合は(エ)欄に残りを医学的因果関係の順番で書いてください

Ⅰ
(ア) 直接死因　心筋梗塞
(イ) (ア)の原因
(ウ) (イ)の原因
(エ) (ウ)の原因
Ⅱ
直接には死因に関係しないがⅠ欄の傷病経過に影響を及ぼした傷病名等

発病（発症）又は受傷から死亡までの期間　4時間
◆年、月、日等の単位で書いてください。
　ただし、1日未満の場合は、時、分等の単位で書いてください
（例：1年3か月、5時間20分）

手術　1無　2有｛部位及び主要所見｝　手術年月日　平成　昭和　年　月　日
解剖　1無　2有｛主要所見｝

(15) 死因の種類
（1）病死及び自然死
外因死　不慮の外因死｛2交通事故　3転倒・転落　4溺水　5煙、火災及び火焔による傷害　6窒息　7中毒　8その他｝
その他及び不詳の外因死｛9自殺　10他殺　11その他及び不詳の外因｝
12不詳の死

(16) 外因死の追加事項
◆伝聞又は推定情報の場合でも書いてください。
傷害が発生したとき　平成・昭和　年　月　日　午前・午後　時　分
傷害が発生したところの種類　1住居　2工場及び建築現場　3道路　4その他（　）
傷害が発生したところ　都道府県　市郡　区町村
手段及び状況

(17) 生後1年未満で病死した場合の追加事項
出生時体重　グラム
単胎・多胎の別　1単胎　2多胎（　子中第　子）
妊娠週数　満　週
妊娠・分娩時における母体の病態又は異状　1無　2有［　］　3不詳
母の生年月日　昭和　平成　年　月　日
前回までの妊娠の結果　出生時　人　死産児　胎　（妊娠満22週以後に限る）

(18) その他特に付言すべきことがら

(19)
上記のとおり診断（検案）する
診断（検索）年月日　平成24年10月8日
本診断書（検案書）発行年月日　平成24年10月8日
（病院、診療所若しくは介護老人保険施設等の名称及び所在地又は医師の住所）　七栄病院　千葉県富里市七栄36　番地1　~~番　号~~
（氏名）　医師　上山　登　㊞

←生年月日が不詳の場合は、推定年齢をカッコを付して書いてください。

夜の12時は「午前0時」、昼の12時は「午後0時」と書いてください。

←「老人ホーム」は、養護老人ホーム、特別養護老人ホーム、軽費老人ホーム及び有料老人ホームをいいます。

傷病名等は、日本語で書いてください。
Ⅰ欄では、各傷病について発病の型（例：急性）、病因（例：病原体名）、部位（例：胃噴門部がん）、性状（例：病理組織型）等もできるだけ書いてください。

妊娠中の死亡の場合は「妊娠満何週」、また、分娩中の死亡の場合は「妊娠満何週の←分娩中」と書いてください。

産後42日未満の死亡の場合は「妊娠満何週産後何日」と書いてください。

←Ⅰ欄及びⅡ欄に関係した手術について、術式又はその診断名と関連のある所見等を書いてください。紹介状や伝聞等による情報についてもカッコを付して書いてください。

←「2交通事故」は、事故発生からの期間にかかわらず、その事故による死亡が該当します。
「5煙、火災及び火焔による傷害」は、火災による一酸化炭素中毒、窒息等も含まれます。

←「1住居」とは、住宅、庭等をいい、老人ホーム等の居住施設は含まれません。

←傷害がどういう状況で起こったかを具体的に書いてください。

←妊娠週数は、最終月経、基礎体温、超音波計測等により測定し、できるだけ正確に書いてください。
母子健康手帳等を参考に書いてください。

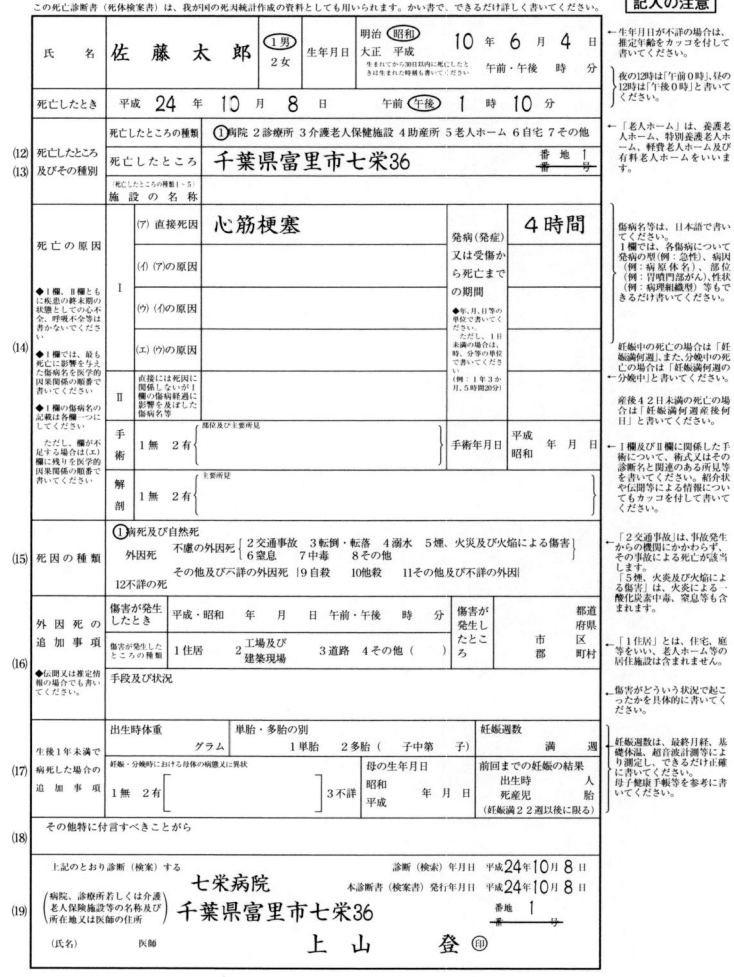

死　亡　届

平成24年10月8日　届出

富里市長殿

受理　平成　年　月　日 第　　　号	発送　平成　年　月　日	
受付　平成　年　月　日 第　　　号	長印	

書類調査	戸籍記載	記載調査	調査票	附票	住民票	通知

(1)	（よみかた）	さとう　たろう
(2)	氏名	氏　佐藤　名　太郎　☑男　□女
(3)	生年月日	昭和10年6月4日（生まれてから30日以内に死亡したときは生まれた時刻も書いてください）□午前 □午後　時　分
(4)	死亡したとき	平成24年10月8日　□午前 ☑午後　1時10分
(5)	死亡したところ	千葉県富里市七栄36　番地 ~~番~~ 1 ~~号~~
(6)	住所（住民登録をしているところ）	千葉県富里市七栄105　番地 ~~番~~ 10 ~~号~~ 世帯主の氏名　佐藤太郎
(7)	本籍（外国人のときは国籍だけを書いてください）	千葉県富里市七栄91　番地 ~~番~~ 筆頭者の氏名
(8)(9)	死亡した人の夫または妻	☑いる（満75歳）　□いない（□未婚　□死別　□離別）
(10)	死亡したときの世帯のおもな仕事と	□1.農業だけまたは農業とその他の仕事を持っている世帯 □2.自由業・商工業・サービス業等を個人で経営している世帯 □3.企業・個人商店等（官公庁は除く）の常用勤労者世帯で勤め先の従業者数が1人から99人までの世帯（日々または1年未満の契約の雇用者は5） □4. 3にあてはまらない常用勤労者世帯及び会社団体の役員の世帯（日々または1年未満の契約の雇用者は5） □5. 1から4にあてはまらないその他の仕事をしている者のいる世帯 □6.仕事をしている者のいない世帯
(11)	死亡した人の職業・産業	（国勢調査の年…　年…の4月1日から翌年3月31日までに死亡したときだけ書いてください） 職業　　産業
	その他	
	届出人	☑1.同居の親族　□2.同居していない親族　□3.同居者　□4.家主　□5.地主 □6.家屋管理人　□7.土地管理人　□8.公設所の長　□9.後見人 □10.保佐人　□11.補助人　□12.任意後見人
		住所　千葉県富里市七栄105　番地 ~~番~~ 10 ~~号~~
		本籍　千葉県富里市七栄91　番地 ~~番~~　筆頭者の氏名　佐藤太郎
		署名　佐藤　梅　㊞　昭和12年9月5日生
	事件簿番号	

記入の注意

鉛筆や消えやすいインキで書かないでください。

死亡したことを知った日からかぞえて7日以内に出してください。

死亡者の本籍地でない役場に出すときは、2通出してください（役場が相当と認めたときは、1通で足りることもあります。）2通の場合でも、死亡診断書は、原本1通と写し1通でさしつかえありません。

→「筆頭者の氏名」には、戸籍のはじめに記載されている人の氏名を書いてください。

→内縁のものはふくまれません。

□には、あてはまるものに☑のようにしるしをつけてください。

→死亡者について書いてください。

届け出られた事項は、人口動態調査（統計法に基づく基幹統計調査、厚生労働省所管）にも用いられます。

ん（国外で死亡があったときは、その事実を知った日から三箇月以内）（戸八六条一項）。
死亡の届出をする場所は、死亡した者の本籍地又は届出人の所在地（戸二五条一項）のほか、死亡地において届出することが認められています（戸八八条一項）。
死亡の届出をする所は、右届出地を管轄する市区町村役場になります。

二　遺産の分割

死亡の届出が済み、葬儀が終わり、そして、死亡した太郎さんが残した財産を相続人間でどのように分けるかを話し合うことになりました。

プロローグにおける相続人は、被相続人の配偶者である梅さん、長男・一郎さん、二男・二郎さんそして長女・栄子さんの四人が一応、相続人となります（ここで「一応」としているのは、被相続人の戸籍（コンピュータ化された戸籍）の改製原戸籍から分かる相続人を示しているということです。詳細は「第四章第三戸籍を遡る」を参照してください。）。

相続財産の分け方としては、「法定相続」と相続人間の協議によって相続人（各人の取り分）を決める「遺産分割協議」による方法があります。

法定相続とは、民法で定めている持分にしたがって相続人全員が相続することです。例えばこの場合の持分は配偶者二分の一、そして三人の子が各六分の一を相続することとなります（民八八七条、八九〇条、九〇〇条）。

一方、遺産分割協議による相続は、相続人間の話し合いのなかで、例えば、被相続人の全財産を配偶者が相続するとか、あるいは、法定相続の持分と異なる持分で相続をする、と決めることです（民九〇六条、九〇七条、九〇八条等）。

以上は、プロローグ中の設例における被相続人佐藤太郎さんの相続関係説明図の記載から分かる範囲の相続人による、法定相続及び遺産分割協議による相続を説明したものです。

第二　相続人を確定するために必要な戸籍の範囲

さて、太郎さんが死亡し、相続が発生した場合、多くの方は、被相続人が亡くなった直後の戸籍に記載されている人々だけが相続人になると思われるのではないでしょうか。

相続をするにあたっては相続が適正、円滑に行われるよう、また、相続が終わった後にさらに新しい相続人を加えて相続の協議等をすることなどのないようにしなくてはなりません。

被相続人の配偶者や子だけが相続人であるとの前提で、例えば遺産分割の協議を始めたところ、思いがけず「私も相続人です。」と名乗る人物が現れたら、その驚きは察するに余りあります。

そこで、相続人の範囲を確定するには、被相続人が生まれて入籍した戸籍から（不動産登記の実務では、生殖能力が備わる年齢とされている男女とも一三歳位まで遡るとされています。）死亡の記載のある戸籍まで連続した戸籍及び除籍を確認する必要があります。

詳細は、「第四章第三　戸籍を遡る」で説明します。

第三　戸籍の入手方法

一　戸籍があるのは本籍を管轄する市区町村役場

戸籍の謄本等が必要な場合、本籍を管轄する市区町村役場に請求します。市区町村役場の所在は、インターネットや書籍（市町村役場便覧（日本加除出版））で知ることもできます。先きに説明しましたとおり、戸籍を請求するには、請求する戸籍を特定しなくてはなりません。そのためには「本籍」と「筆頭者の氏名」が必要です。もし、自分の本籍や筆頭者が分からない場合は、自分の住所地を管轄する市区町村役場で住民票を請求してください。住民票の請求書には、本籍と筆頭者を表示するか否かを指定する欄がありますので、本籍及び筆頭者を記載した住民票を請求すればよいでしょう。

なお、戸籍の謄本等を請求する方法は、本籍のある市区町村役場に直接出向いて請求する方法と郵送によって請求する方法があります（戸一〇条三項）。

二　戸籍の謄本等を請求できる者

戸籍謄本等を請求できる者については、戸籍が親子関係、婚姻、離婚、続柄、認知等個人のプライバシーに関する事項が多く記載されていることから、個人情報を保護するため戸籍及び除籍等の謄抄本を請求する場合には、請求者の本人確認あるいは明らかにすべき事項等の諸要件が定められています。

そこで⑴本人等による請求、⑵第三者による請求、⑶弁護士等による請求について順次説明します。

⑴　本人等が請求する場合（戸一〇条一項の請求）

戸籍に記載されている筆頭者、その配偶者、夫婦間の子及び筆頭者の両親（以下「本人等」という。）は、その戸籍の謄本（戸籍に記載されている事項の全部を証明したもの）若しくは抄本（戸籍中の一部の者について記載されている事項の全部を証明したもの。例えば、筆頭者のみを証明したもの）又は戸籍に記載した事項に関する証明書（戸籍に記載されている事項中、請求者が証明を求めた事項について証明したもの。例えば、出生事項について証明したもの）（以下「戸籍謄本等」という。）の交付の請求（以下「本人等請求」という。）をすることができます。なお、過去に戸籍に記載されていた者、例えば、婚姻によって除籍されている者が除籍された戸籍謄本等を請求する場合は、戸籍に記載されている者の請求となります。これらの場合には、請求の理由を明らかにする必要はありません。したがって兄弟であっても戸籍が別になっていますと、本人等請求ではお互いの戸籍謄本等を取得することはできません。

⑵　第三者が請求する場合（戸一〇条の二第一項の請求）

⑴で述べた本人等以外の第三者が戸籍を請求する場合です。

ア　戸籍の請求が認められるのは、自己の権利を行使し（例えば、債権者が、貸金債権を返してもらうにあたり、死亡した債務者の相続人を特定するために当該債務者が記載されている戸籍を必要とする場合等）、又は自己の義務を履行する（例えば、債権者が死亡した場合等）ために戸籍の記載事項を確認する必要がある場合に戸籍謄本等の交付を請求することができます。その場合、その権利又は義務の発生原因及び内容並びに当該権利を行使し、又は当該義務を履行するために戸籍の記載事項の確認を必要とする理由を具体的に明らかにしなければなりません（例えば、私（甲）は死亡した者（乙）に平成○年○月○日に金○○万円を貸したが、未返済のまま、乙が平成○年○月○日に死亡したので、当該貸金の返還を求めるに当たり、乙が記載されている戸籍によって相続人を特定する必要がある等）（戸一〇条の二第一項一号、平二〇・四・七民一第一〇〇〇号通達第一の二）。

イ　国又は地方公共団体の機関に提出するために、戸籍謄本等の交付を請求する場合は、提出を必要とする理由を明らかにしなければなりません（戸一〇条の二第一項二号、前掲通達第一の二）。

ウ　ア及びイの場合の他、戸籍の記載事項を利用する正当な理由があるため、戸籍謄本等の交付を請求する場合は、その利用の目的及び方法並びにその利用を必要とする理由を明らかにしなければなりません（戸一〇条の二第一項三号、前掲通達第一の二）。

(3)　弁護士等が請求する場合（戸一〇条の二第三項から五項の請求）

次のような条件があります。

ア　弁護士、司法書士、土地家屋調査士、税理士、社会保険労務士、弁理士、海事代理士又は行政書士（海事代理士を除き、弁護士法人等の各資格者法人を含む。以下「弁護士等」という。）は、受任している事件又は事務に関する業務を遂行するために必要がある場合には、戸籍謄本等の交付請求をすることができます。この場合は、請求する者の有する資格、当該業務の種類、当該事件又は事務の依頼者の氏名又は名称を明らかにする必要があります。そして、当該依頼者については(2)で述べた事項を明らかにしなければならないこととされました（戸一〇条の二第三項、前掲通達第一の四(1)）。

イ　弁護士等（海事代理士及び行政書士を除く。）は、受任している事件について、例えば弁護士にあっては、裁判手続又は裁判外における民事上若しくは行政上の紛争処理の手続についての代理業務を遂行するために必要がある場合には、戸籍謄本等の交付請求をすることができます。この場合は、請求する者の有する資格、当該事件の種類、その業務として代理し又は代理しようとする手続及び戸籍の記載事項の利用の目的を明らかにしなければなりません（戸一〇条の二第四項、前掲通達第一の四(2)）。

ウ　弁護士は、刑事に関する事件における弁護人としての業務等を遂行するために必要がある場合には、戸籍謄本等の交付請求をすることができます。この場合、請求する者は、弁護士の資格、戸籍法第一〇条の二第五項に掲げられた業務の別及び戸籍の記載事項の利用の目的を明らかにしなければなりません（戸一〇条の二第五項、前掲通達第一の四(3)）。

なお、除籍及び改製原戸籍の謄本等を請求する場合にも戸籍の謄本等を請求する場合と同様の手続が必要とされます（戸一二条の二、前掲通達第二）。

三　戸籍謄本等を請求するときに必要なもの

戸籍謄本等の交付請求をする際には、請求者は、市区町村長に対し、運転免許証等を提示する方法等により、請求者を特定するために必要な氏名等の事項を明らかにしなければなりません（戸一〇条の三第一項）。

次に、本人等による請求（戸一〇条一項）、第三者による請求（戸一〇条の二第一項）及び弁護士等による請求（戸一〇条の二第三項から五項）について、市区町村の窓口に出向いて請求する場合と郵送等による請求の場合について説明します。なお、国又は地方公共団体の機関が、法令の定める事務を遂行するために必要がある場合に戸籍謄本等を請求することができます（戸一〇条の二第二項）が、説明は省略します。

(1) 市区町村の窓口で請求するときに必要なもの

ア　本人等及び第三者が請求（戸規一一条の二第一号から三号まで、一一条の三本文）する場合

氏名及び住所又は氏名及び生年月日についての情報が必要となります。

これらを明らかにする方法としては、①運転免許証、写真付き住民基本台帳カード等の国又は地方公共団体の機関が発行し、写真が貼付された証明力の高い書類を一枚以上提示する方法（以下「一号書類」という。[注一]）、②右の方法によることができないときは、国民健康保険の被保険者証や学生証等を複数枚組み合わせて提示する方法（以下「二号書類」といい、更に前者を「二号イの書類[注二]」、後者を「二号ロの書類[注二]」という。）があります。また、右記①及び②の方法によることができないときは、③市区町村長の求めに応じて戸籍の記載事項を説明する方法等（例えば、自分の戸籍を請求する場合に、自分の生年月日、あるいは父母の氏名等を説明する。）があります（前掲通達第一の五(1)ア）。

なお、一号書類及び二号書類については、市区町村長が提示を受ける日において有効なものに限るものとされています（前掲通達第一の五(1)ア(ウ)）。

証明書の種類		
一枚の提示で足りるもの（例）「一号書類」（注一）		・運転免許証 ・在留カード又は特別永住者証明書 ・写真付き住民基本台帳カード（住所地の市区町村で発行） ・旅券（パスポート） ・国又は地方公共団体の機関が発行した免許証・許可書又は資格証明書 例えば 船員手帳 身体障害者手帳 無線従事者免許 海技免状 小型船舶操縦免許証 宅地建物取引主任者証 航空従事者技能証明書 教習資格認定証 電気工事士免状 戦傷病者手帳 療育手帳　など
二枚以上の提示が必要なもの（例）「二号書類」	イ（注二）	・写真の貼付のない住民基本台帳カード ・国民健康保険、健康保険、船員保険、又は介護保険の被保険者証 ・共済組合員証 ・国民年金手帳 ・国民年金、厚生年金保険又は船員保険の年金証書 ・共済年金又は恩給の証書 ・戸籍謄本等の交付請求書に押印した印鑑に係る印鑑登録証明書
	ロ（注三）	・学生証、法人が発行した身分証明書で写真付きのもの ・国又は地方公共団体の機関が発行した資格証明書のうち写真付きのもの（上記に掲げる書類を除く。） ・その他市町村長が認める書類

イ　弁護士等が請求（戸規一一条の二第四号、一一条の三第二号）する場合

氏名及び住所、氏名及び生年月日又は氏名及び請求者（弁護士等）の事務所の所在地についての情報が必要となります。

これを明らかにする方法としては、一号書類又は弁護士等であることを証する書類（以下「資格者証」という。）若しくは弁護士等の補助者であることを証する書類（以下「補助者証」という。）を提示し、弁護士等の職印が押されている統一請求書（以下単に「統一請求書」という。）を提出することとされています。

なお、資格者証には、弁護士等の氏名、登録（会員）番号、事務所の所在地及び発行主体が記載され、写真が貼付されたものでなくてはなりません。

補助者証には、補助者の氏名、補助者を使用する弁護士等の氏名、事務所の所在地及び発行主体が記載され、写真が貼付されたものでなくてはなりません。これらの証明書は、市区町村長が提示を受ける日において有効なものに限るものとされています。

弁護士による請求の場合に、弁護士の所属する会が会員の氏名及び事務所の所在地を容易に確認することができる方法により公表している場合に限り、市区町村長は、弁護士記章を提示させ、統一請求書の記載により、弁護士の氏名及び事務所の所在地を確認することができるものとされています。

(2)　郵送等により請求するときに必要なもの

戸籍謄本等の交付請求について、明らかにすべき事項は窓口での交付請求の場合と同様ですが、明らかにする方法は、次のとおりです。

ア　本人等及び第三者が請求する場合

請求者が個人である場合は、①運転免許証等の一号書類又は二号イの書類（前掲（注一）（注二）参照）に掲げられた書類のいずれか一つ以上の写しを送付し、当該書類の写しに記載された現住所を戸籍謄本等の送付先に指定する方法、②戸籍の附票の写し又は住民票の写しを送付し、当該写しに記載された現住所を戸籍謄本等の送付先に指定する方法、又は、③当該請求を受けた市区町村長が請求者の戸籍の附票又は住民票を管理している場合に、それらに登録された現住所を戸籍謄本等の送付先に指定する方法によって確認することとされています（前掲通達第一の五(2)ア(ア)①）。ここで注意しなくてはならないことは、戸籍謄本等の送付先が当該書類の写しに記載された現住所であることから、現住所が証明の対象とされていない一号書類中の旅券については、請求者を特定するために必要な事項の確認書類にはならないということです（前掲通達第一の五(2)ア(ア)②）。

イ　弁護士等が請求する場合（戸規一一条の二第五号ハ）

弁護士等が郵送で請求する場合は、一号書類若しくは資格者証の写し及び統一請求書に弁護士等の職員が押印されたものを送付し、当該弁護士等の事務所の所在地を戸籍謄本等の送付先にすることができます。ただし、弁護士等の所属する会が会員の氏名及び事務所の所在地を容易に確認することができる方法により公表しているときは、一号書類及び資格者証の写しを送付する必要はありません。

(3) 請求者の代理人又は使者が請求する場合に必要なもの

ア　市区町村の窓口で請求する場合

(ア)　本人等及び第三者が請求する場合（前掲通達第一の六(1)ア(ア)(イ)(ウ)）

a　請求者がその意思に基づいて権限を付与したときは、請求者（請求者が法人であるときはその代表者）が作成した委任状

b　法定代理人（未成年者の親権者、成年被後見人の成年後見人等）が請求している場合は、戸籍謄本等、後見登記等の登記事項証明書又は裁判書の謄本その他のその代理権を証する書類

(イ)　弁護士等が請求する場合（前掲通達第一の六(1)ウ(ア)(イ)(ウ)）

a　弁護士等の補助者が請求している場合は、補助者証の提示又は弁護士等が作成した委任状

b　資格者法人が請求している場合

①　代表者が請求しているときは、代表者の資格を証する書面

②　代表者以外の者（事務所に所属する弁護士等又は補助者）が請求しているときは、資格者証若しくは補助者証の提示又は代表者が作成した委任状の提出及び代表者の資格を証する書面

イ　郵送等による請求の場合（前掲通達第一の六(2)(3)）

窓口請求の場合と同様に取り扱い、窓口請求の場合に提示しなければならない書類については、その写しを提出しなければならないとされています。

なお、提出を要する戸籍謄本等及び後見登記等の登記事項証明書並びに資格者法人が請求する場合の代表者又は支配人の資格を証する書面は、その作成後三か月以内のものに限ります。

四　戸籍謄本等を請求するには手数料が必要

戸籍謄本及び除籍謄本を請求するには、手数料を納めなくてはなりません。手数料については、地方公共団体の手数料の標準に関する政令（平成一二年一月二一日政令第一六一号）で戸籍謄抄本は一通四五〇円、除籍及び改製原戸籍の謄抄本は一通七五〇円と定められています。

しかし、市区町村によって手数料が異なりますので、確認する必要があります。

第四　戸籍に記載されている事項

相続の際に何で戸籍が必要になるのでしょう。

誰が被相続人の相続人であるかを確定するには、被相続人について死亡の記載のある現在戸籍だけでは足りません。確定するためには被相続人が出生によって入籍（初めて戸籍に記載）した戸籍まで遡る必要があります。先祖代々の戸籍（除籍）によって相続人を確定するわけですが、幸いなことに戸籍は、縦の線で連結しており、そして、先後の関係が記載されています。すなわち、一番新しくできた戸籍が、どこの戸籍から来たのか、どのような理由で編製されたかが分かるようになっているのです。

戸籍は、日本国民の身分関係（出生、死亡、婚姻、離婚、養子縁組、養子離縁、認知等）を登録し、これを公証する唯一の公文書です。この戸籍制度は世界で類を見ない制度と言われています。

一　戸籍の編製とは

例えば、婚姻する際には「夫の氏」か「妻の氏」のどちらかの氏を称することとされています（民七五〇条）。それは我が国では夫婦は、同じ氏でなければならないためです。

そして、戸籍は、市区町村の区域内に本籍を定める氏を同じくする一組の夫婦とこれと氏を同じくする子という夫婦親子の単位でまとめられています。このことを「編製」といいます（戸六条本文、同一八条一項）。ただし、編製の単位については例外があります。例えば日本人でない者（以下「外国人」という。）と婚姻した者あるいは配偶者がない者について新たに戸籍が編製されるときは、その者及びこれと氏を同じくする子ごとに、戸籍が編製されることになります（戸六条ただし書、戸一六条三項）。配偶者がない者について新たに戸籍が編製されるときとは、その者が、同一の氏を称する子又は養子を有するに至ったとき（戸一七条、一八条）、あるいは成年に達した子が親の戸籍から離れる分籍（戸二一条）をしたとき等の場合です。

そして、戸籍は、その筆頭に記載した者の氏名及び本籍で表示され、特定されます（戸九条）。

夫婦親子の単位で編製された戸籍に記載される事項は、戸籍法等で詳しく規定されています。戸籍法第一三条では、戸籍には、本籍のほか、戸籍内の各人について、次の事項が記載されています。

① 氏名
② 出生の年月日
③ 戸籍に入った原因及び年月日
・出生、婚姻、養子縁組等によって、当該戸籍に入りますが、戸籍に入った原因及び年月日が記載されます。
④ 実父母の氏名及び実父母との続柄
⑤ 養子であるときは、養親の氏名及び養親との続柄
⑥ 夫婦については、夫又は妻である旨
⑦ 他の戸籍から入った者については、その戸籍の表示
・婚姻によって当該戸籍に入った場合、婚姻前の戸籍、すなわち実家の戸籍が表示（本籍と筆頭者）されます。また、養子縁組によって戸籍に入った場合は実父母の戸籍が表示されます。
⑧ その他法務省令で定める事項

二　戸籍に記載されていること

次に戸籍に記載されていることについてみていきましょう。

(1)　氏名の記載

戸籍に記載される「氏名」の記載順序は、夫婦が、婚姻の届出をする際に、夫の氏を称するときは夫が、妻の氏を称するときは妻が第一番目（戸籍の筆頭者）に記載されます。そして、次に配偶者が記載され、

第三番目に子が記載されます。子は、出生の前後によって記載されていきます（戸一四条一項・二項）。なお、戸籍を編製した後にその戸籍に入るべき原因が生じた者については、戸籍の末尾に記載されます（同条三項）。

(2) 戸籍事項欄の記載

戸籍事項欄には戸籍全体に関する事項が記載されます（戸規三四条）。戸籍事項欄の記載によって、戸籍の先後関係が分かります。

①　新戸籍の編製に関する事項
・例えば、婚姻によって新戸籍が編製される場合、新戸籍を編製したことが記載されます。

②　氏の変更に関する事項
・やむを得ない事由があって家庭裁判所の許可を得て氏を変更した場合等、氏を変更したことが記載されます。

③　転籍に関する事項
・現在の本籍を他の場所に変更した場合、転籍したことが記載されます。

④　戸籍の全部の消除に関する事項
・例えば、戸籍に記載されている者が全員死亡したような場合、死亡したことが記載され、その戸籍は除籍とされます。

⑤　戸籍の全部に係る訂正に関する事項
・例えば、婚姻の届出によって新戸籍が編製されたが、その婚姻が無効であった場合、家庭裁判所の許

可を得て戸籍を訂正しますが、その戸籍訂正がされたことを記載します。

⑥　戸籍の再製又は改製に関する事項
・戸籍が滅失した場合、戸籍が再製されます。また、紙戸籍からコンピュータ化戸籍に改製された場合等、改製戸籍であることが記載されます。

(3) 身分事項欄の記載

身分事項欄には、戸籍内の各人について、各人の身分に関する事項が記載されます（戸規三五条）。

①　出生に関する事項については、子
・子が出生した場合、その子の身分事項欄に出生して入籍したことが記載されます。

②　認知に関する事項については、父及び子
・父親が自分の子であることを認め、認知した場合、父と子の戸籍の身分事項欄に認知の旨が記載されます。

③　養子縁組（特別養子縁組を除く。）又はその離縁に関する事項については、養親及び養子
・養子縁組又は養子と離縁した場合、養親と養子の戸籍の身分事項欄に養子縁組又は離縁したことが記載されます。

④　特別養子縁組又はその離縁に関する事項については、養子、養子が日本人でない者（以下「外国人」という。）であるときは、養親。
・特別養子縁組又は養子と離縁した場合、養子の身分事項欄に特別養子縁組又は離縁したことが記載されます。

⑤　離縁の際に称していた氏を称することに関する事項（戸七三条の二）については、その氏を称した者
・養子縁組によって氏を改めた者が離縁をすると、養子縁組前の氏に戻りますが、離縁後も引き続き養子縁組中の氏を使用することができます。この場合、養子縁組中の氏を称する者の身分事項欄に、その旨が記載されます。

⑥　婚姻又は離婚に関する事項については、夫及び妻
・婚姻又は離婚をした場合、夫及び妻の身分事項欄にそれぞれ記載されます。

⑦　離婚の際に称していた氏を称することに関する事項（戸七七条の二）については、その氏を称した者
・婚姻によって氏を改めた者が離婚をすると、婚姻前の氏に戻りますが、離婚後も引き続き婚姻中の氏を使用することができます。この場合、婚姻中の氏を称する者の身分事項欄に、その旨が記載されます。

⑧　親権又は未成年者の後見に関する事項については、未成年者
・子の親権者を協議及び裁判によって決めた場合、又は未成年者に対して親権を行う者がないため後見人が選任された場合、親権及び未成年者の後見に関することが未成年者の身分事項欄に記載されます。

⑨　死亡又は失踪に関する事項については、死亡者又は失踪者
・死亡した者、生死が不明のため失踪の宣告を受けた場合、死亡者又は失踪者の身分事項欄にその旨が記載されます。

⑩　生存配偶者の復氏又は姻族関係の終了に関する事項については、生存配偶者
・婚姻中の配偶者の一方が死亡し、生存する配偶者が婚姻前の氏に復氏する場合、又は死亡した者の姻族との関係を終わらせる場合は、生存配偶者の身分事項欄にその旨が記載されます。

⑪　推定相続人の廃除に関する事項については、廃除された者

・被相続人は、相続人となり得る者（推定相続人）を廃除（相続人の資格を奪う。）することができます。この場合、廃除された者の身分事項欄にその旨が記載されます。

⑫　父又は母の氏を称する入籍又は成年に達した子の復氏による入籍に関する事項については、入籍者

・子が父又は母と氏を異にする場合、父又は母の氏に変更して父又は母の戸籍に入籍することができます。この場合、入籍する者の身分事項欄に入籍する旨が記載されます。

⑬　分籍に関する事項については、分籍者

・親の戸籍にある者が、親の戸籍から離れる場合（分籍といいます。）、分籍する者の身分事項欄にその旨が記載されます。

⑭　国籍の得喪に関する事項については、国籍を取得し、又は喪失した者

・日本の国籍を取得した場合又は、日本の国籍を喪失した場合、国籍を取得した者又は国籍を喪失した者の身分事項欄にその旨が記載されます。

⑮　日本の国籍の選択の宣言又は外国の国籍の喪失に関する事項については、宣言をした者又は喪失した者

・日本の国籍と外国の国籍の二つの国籍を持っている者は、どちらか一つの国籍を選択しなければなりません。日本の国籍になる場合、日本の国籍を選択する方法と外国の国籍を喪失する方法があります。日本の国籍を選択した場合、又は外国の国籍を喪失した場合、その者の身分事項欄にその旨が記載されます。

⑯　外国人との婚姻又は離婚による氏変更等に関する事項（戸一〇七条二～四項）については、氏を変更した者

・外国人と婚姻した日本人が、外国人の氏に変更した場合等、氏を変更した者の身分事項欄にその旨が記載されます。

⑰　名の変更に関する事項については、名を変更した者
・正当な理由によって名前を変更した場合、その者の身分事項欄にその旨が記載されます。
⑱　就籍に関する事項については、就籍者
・本籍がない者は、戸籍がありませんが、家庭裁判所の許可を得て戸籍を編製することができます（就籍といいます。）。就籍した者の身分事項欄にその旨が記載されます。
⑲　性別の取扱いの変更に関する事項については、その変更の裁判を受けた者
・性別を男から女（女から男）に変更した場合、変更した者の身分事項欄にその旨が記載されます。

また、他にも身分事項欄には、次の事項が記載されます。
・死亡によって婚姻が解消した場合には、生存配偶者の身分事項欄にその旨（例：平成二五年三月一〇日夫（妻）死亡）を記載（戸規三六条一項）、
・外国人を夫又は妻とする者については、その者の身分事項欄に、夫又は妻の国籍に関する事項を記載（同条二項）、
・新戸籍を編製され、又は他の戸籍に入る者の入籍に関する事項及び従前の戸籍の表示は、その者の身分事項欄にこれを記載（戸規三八条）、
右の身分事項欄の記載によっても戸籍の先後関係が分かります。

なお、他の市区町村へ転籍（戸一〇八条）する場合、転籍届書には戸籍謄本を添付しなくてはなりません。戸籍の謄本に記載した事項は、転籍地の戸籍に同じように記載されます（戸規三七条）。

ただし移記されない項目もあるので注意が必要です。

なお、具体的な戸籍の見方については「第四章　相続における戸籍の見方」をご覧ください。

戸籍の届出と人の一生

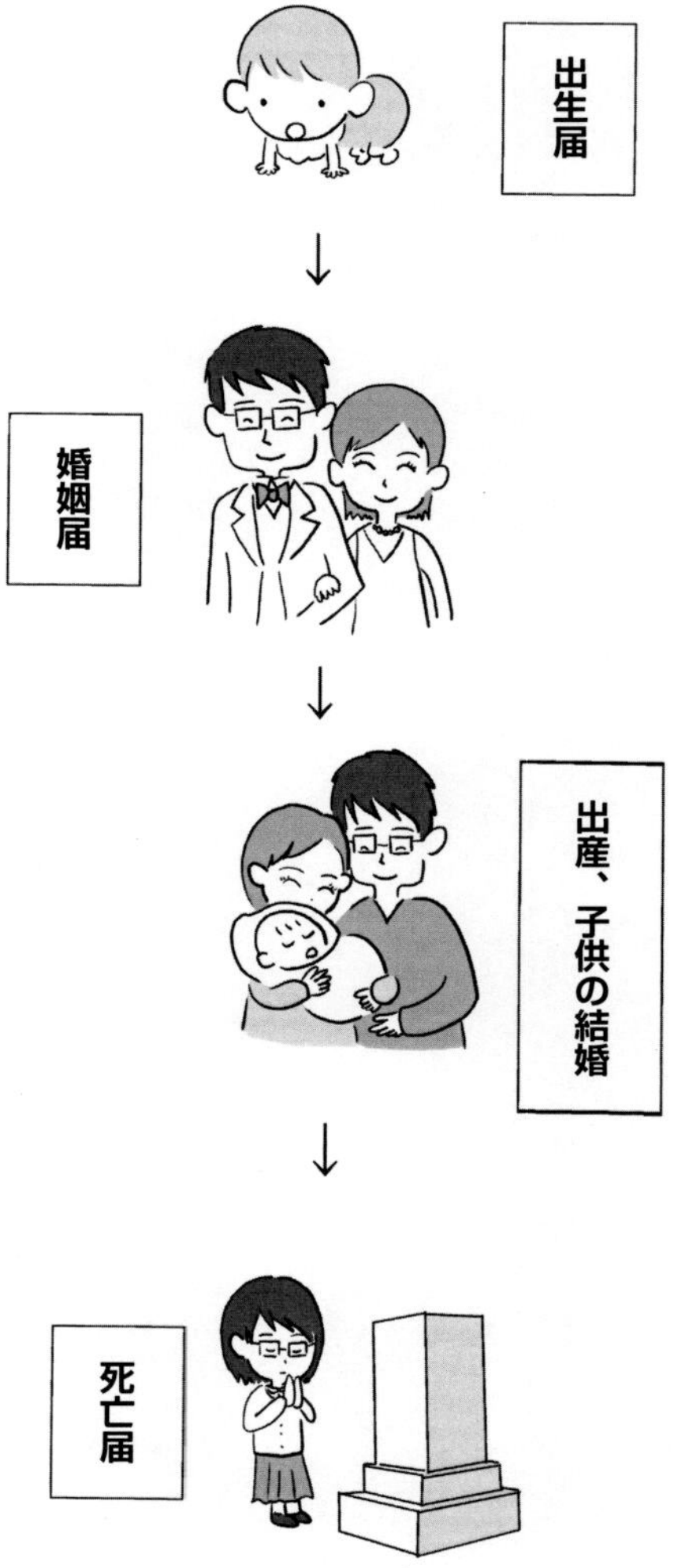

第2章 新戸籍編製と除籍

編製は、一つの戸籍のはじまりであり、除籍は、一つの戸籍の終わりです。この章では、戸籍の繋がりを知る上で大切な「編製」と「除籍」について、みていきましょう。

第一　新戸籍の編製

新戸籍の編製については、「第一章第四　戸籍に記載されている事項」において説明しましたように、市区町村の区域内に本籍を定める氏を同じくする一つの夫婦とこれと氏を同じくする子という夫婦親子の単位で編製するのが原則とされています（戸六条本文、同一八条一項）。

新しく戸籍が編製される際には、「編製する原因（理由）」及び「年月日」が記載されます。そして、新しく戸籍が編製されたときは、その者の従前の戸籍は消除されます。

例えば、婚姻による新戸籍編製（戸一六条一項本文）、特別養子縁組による新戸籍編製（戸二〇条の三第一項本文)、あるいは分籍による新戸籍編製（戸二一条二項）等の場合です。

戸籍には連続性（縦の繋がり）があり（日本への帰化を許可された場合、棄児の届出があった場合等、例外はありますが後ほど説明することにします。）、この戸籍の連続性によって、相続が開始した場合に、被相続人の現在戸籍（被相続人の死亡事項の記載のある戸籍）から関連する戸籍を調査し、相続人を確定することができるのです。

それでは、戸籍はどのように編製されるのか、具体的な記載例とともに説明していきます。

戸籍法では、新戸籍が編製される場合について、次のとおり規定しております。

1　日本人同士が婚姻した場合

日本人同士の婚姻の届出があったときは、夫婦について新戸籍が編製されます。ただし、夫婦が、夫の氏を称する場合に夫、妻の氏を称する場合に妻が戸籍の筆頭に記載された者であるときは、新戸籍は編製されません。この場合は、夫の氏を称する妻は、夫の戸籍に入り、妻の氏を称する夫は、妻の戸籍に入ります（戸一六条一項・二項、六条本文）。

2　日本人と外国人が婚姻した場合

日本人と外国人との婚姻の届出があったときには、その日本人について新戸籍が編製されます。ただし、その者が既に戸籍の筆頭に記載された者である場合は、新戸籍は編製されません（戸一六条三項、六条ただし書）。

1 日本人同士が婚姻した場合の新戸籍編製（夫の氏を称する婚姻届を夫の本籍地に届出）

（1の1）　全部事項証明

本　　籍 氏　　名	東京都北区赤羽二丁目１０番地 杉田　幸雄
戸籍事項 　戸籍編製	 【編製日】平成２５年６月５日
戸籍に記録されている者	【名】幸雄 【生年月日】平成５年３月１０日　　【配偶者区分】夫 【父】杉田信男 【母】杉田恵子 【続柄】長男
身分事項 　出　生 　婚　姻	 （出生事項省略） 【婚姻日】平成２５年６月５日 【配偶者氏名】上田里子 【従前戸籍】東京都北区赤羽二丁目２番地　杉田信男
戸籍に記録されている者	【名】里子 【生年月日】平成４年６月６日　　【配偶者区分】妻 【父】上田昇 【母】上田雪江 【続柄】長女
身分事項 　出　生 　婚　姻	 （出生事項省略） 【婚姻日】平成２５年６月５日 【配偶者氏名】杉田幸雄 【従前戸籍】東京都杉並区桃井二丁目３番地　上田昇
	以下余白

発行番号０００００００

（1の1）　全部事項証明

本　　籍 氏　　名	東京都千代田区平河町一丁目１８番地 山口　恵子
戸籍事項 　戸籍編製	【編製日】平成２８年１月１７日
戸籍に記録されている者	【名】恵子 【生年月日】平成３年２月７日　　【配偶者区分】妻 【父】山口清一 【母】山口孝子 【続柄】長女
身分事項 　出　　生	（出生事項省略）
婚　　姻	【婚姻日】平成２８年１月１７日 【配偶者氏名】ファンデンボッシュ、ウェイン 【配偶者の国籍】アメリカ合衆国 【配偶者の生年月日】西暦１９９０年９月８日 【従前戸籍】東京都千代田区平河町一丁目１８番地　山口 　清一
	以下余白

発行番号０００００００

3 三代戸籍禁止の原則（戸籍の筆頭に記載された者及びその配偶者以外の者が嫡出でない子を設けた場合）

戸籍の筆頭に記載された者及びその配偶者以外の者が、この者と同一の氏を称する子（嫡出でない子を設けた場合）又は養子を有するに至ったときは、その者について新戸籍が編製されます（戸一七条、六条ただし書）。

4 離婚、離縁した場合

婚姻又は養子縁組によって氏を改めた者が、離婚又は離縁によって、婚姻又は縁組前の氏に復する（民七六七条一項、八一六条一項本文）ときは、婚姻又は縁組前の戸籍に入ります。ただし、その戸籍が既に除かれているとき、又はその者が新戸籍編製の申出をしたときは、新戸籍が編製されることになります。この取扱いは、婚姻の取消しあるいは縁組の取消しによって、婚姻あるいは縁組前の戸籍に入る場合も同様です（戸一九条一項・三項）。

5 夫婦の一方が死亡し生存配偶者が復氏した場合

夫婦の一方が死亡したときは、生存配偶者は、婚姻前の氏に復することができます（民七五一条一項）。この場合にも婚姻前の戸籍が既に除かれているとき、又はその者が新戸籍編製の申出をしたときは、新戸籍が編製されます（戸一九条二項）。

（1の1）　全部事項証明

本　　籍 氏　　名	東京都千代田区平河町一丁目５番地 杉田　美子
戸籍事項 戸籍編製	【編製日】平成２３年１２月５日
戸籍に記録されている者	【名】美子 【生年月日】平成２年８月８日 【父】杉田忍 【母】杉田良子 【続柄】長女
身分事項 出　　生 子の出生	（出生事項省略） 【入籍日】平成２３年１２月５日 【入籍事由】子の出生届出 【従前戸籍】東京都北区赤羽二丁目２番地　杉田忍
戸籍に記録されている者	【名】綾 【生年月日】平成２３年１１月２５日 【父】 【母】杉田美子 【続柄】長女
身分事項 出　　生	【出生日】平成２３年１１月２５日 【出生地】京都市上京区 【届出日】平成２３年１２月２日 【届出人】母 【送付を受けた日】平成２３年１２月５日 【受理者】京都市上京区長
	以下余白

発行番号０００００

（1の1）　全部事項証明

本　　籍 氏　　名	京都市上京区小山初音町３０番地 上田　里子
戸籍事項 　戸籍編製	【編製日】平成３０年５月１２日
戸籍に記録されている者	【名】里子 【生年月日】平成４年６月６日 【父】上田昇 【母】上田雪江 【続柄】長女
身分事項 　出　　生	（出生事項省略）
離　　婚	【離婚日】平成３０年５月１０日 【配偶者氏名】杉田幸雄 【送付を受けた日】平成３０年５月１２日 【受理者】東京都千代田区長 【従前戸籍】東京都北区赤羽二丁目１０番地　杉田幸雄
	以下余白

発行番号０００００００

(1の1)　全部事項証明

5　夫婦の一方が死亡し、生存配偶者が婚姻前の氏に復し、新戸籍が編製される場合（復籍後の本籍地に届出）

本　　籍	京都市上京区小山初音町２０番地
氏　　名	坂本　由美
戸籍事項 　戸籍編製	【編製日】平成２５年２月１７日
戸籍に記録されている者	【名】由美 【生年月日】平成２年３月３日 【父】坂本実 【母】坂本由佳 【続柄】長女
身分事項 　出　　生 　復　　氏	（出生事項省略） 【婚姻前の氏に復した日】平成２５年２月１７日 【従前戸籍】東京都千代田区平河町一丁目８番地　山下孝一

以下余白

発行番号０００００

6 子が父又は母と氏を異にするため子の氏を父又は母の氏に変更した後、従前の氏に復する場合

子は、家庭裁判所の許可を得て、その父又は母の氏を称することができます（民七九一条一項、戸九八条）。また、父又は母が氏を改めたことにより子が父母と氏を異にする場合には、子は、父母の婚姻中に限り、家庭裁判所の許可を得ないで、市区町村長に届け出ることによって、その父母の氏を称することができます（民七九一条二項）。

右によって氏を改めた未成年の子は、成年に達したときから一年以内に市区町村長に届け出ることによって、従前の氏に復することができます（民七九一条四項）。従前の氏に復する場合に、従前の戸籍が既に除かれているとき、又はその者が新戸籍編製の申出をしたときは、新戸籍が編製されます（戸一九条二項後段）。

7 離婚の際に離婚時の氏を称する届出をした場合

婚姻によって氏を改めた者は、離婚によって、婚姻前の氏に復します（民七六七条一項）が、婚姻前の氏に復した者は、離婚の日から三か月以内に市区町村長に届け出ることによって、離婚の際に称していた氏を引き続き称する（婚氏続称と言っております。）ことができます（民七六七条二項、戸七七条の二）。この場合に、その届出をした者を筆頭に記載した戸籍が編製されていないとき、又はその者を筆頭に記載した戸籍に在る者が他にあるときは、その届け出をした者について新戸籍が編製されます。この取扱いは、婚姻の取消し（民七四九条）及び裁判上の離婚（民七七一条）の場合も同様です（戸一九条三項）。

6 家庭裁判所の許可を得て父又は母の氏を称した未成年の子が、成年に達し、従前の氏に復し、新戸籍が編製される場合（復籍後の本籍地に届出）

（１の１）　全部事項証明

本　籍 氏　名	京都市上京区小山初音町３８番地 川上　邦夫
戸籍事項 戸籍編製	【編製日】平成２７年５月６日
戸籍に記録されている者	【名】邦夫 【生年月日】平成７年３月６日 【父】川上利夫 【母】及川敏子 【続柄】長男
身分事項 出　生	（出生事項省略）
入　籍	【届出日】平成２７年５月６日 【入籍事由】従前の氏に復する入籍 【従前戸籍】東京都千代田区平河町一丁目８番地　及川敏子
	以下余白

発行番号０００００００

7 **離婚届の際に離婚時の氏を引き続き称する（婚氏続称）ことを届け出て、新戸籍が編製される場合（夫婦の本籍地に届出）**

（1の1）　全部事項証明

本　　籍	京都市上京区小山初音町１０番地
氏　　名	池田　優子
戸籍事項 　氏の変更 　戸籍編製	【氏変更日】平成２３年７月４日 【氏変更の事由】戸籍法７７条の２の届出 【編製日】平成２３年７月６日
戸籍に記録されている者	【名】優子 【生年月日】昭和６０年１１月１３日 【父】川辺繁 【母】川辺富士子 【続柄】長女
身分事項 　出　　生	（出生事項省略）
離　　婚	【離婚日】平成２３年７月４日 【配偶者氏名】池田守
氏の変更	【氏変更日】平成２３年７月４日 【氏変更の事由】戸籍法７７条の２の届出 【送付を受けた日】平成２３年７月６日 【受理者】東京都千代田区長 【従前戸籍】東京都千代田区平河町一丁目８番地　池田守
	以下余白

発行番号０００００００

8　離縁の際に離縁時の氏を称する届出をした場合

養子縁組によって氏を改めた養子は、離縁によって、縁組前の氏に復します（民八一六条一項本文）が、縁組の日から七年を経過した後に離縁によって縁組前の氏に復した者は、離縁の日から三か月以内に市区町村長に届け出ることによって、離縁の際に称していた氏を引き続き称する（縁氏続称と言っております。）ことができます（民八一六条二項、戸七三条の二）。この場合に、その届出をした者を筆頭に記載した戸籍が編製されていないとき、又はその者を筆頭に記載された戸籍に在る者が他にあるときは、その届け出をした者について新戸籍が編製されます。この取扱いは、縁組の取消し（民八〇八条二項）の場合も同様です（戸一九条三項）。

9　入籍すべき者に配偶者がある場合

父母の氏を称する子は、父母の戸籍に入り、父の氏を称する子は、父の戸籍に入り、母の氏を称する子は、母の戸籍に入ります（戸一八条一項・二項、六条）。そして、養子は、養親の戸籍に入ります（戸一八条三項）が、このように他の戸籍に入るべき者に配偶者があるときは、その夫婦について新戸籍が編製されます（戸二〇条）。

また、婚姻又は養子縁組によって氏を改めた者が、離婚あるいは離縁等によって、婚姻又は縁組前の氏に復するときは、婚姻又は縁組前の戸籍に入りますが、これらの者に配偶者があるときは、その夫婦について新戸籍が編製されます（戸二〇条）。

8 離縁届の際に離縁時の氏を引き続き称する（縁氏続称）ことを届け出て、新戸籍が編製される場合（養親の本籍地に届出）

（1の1）　全部事項証明

本　　籍 氏　　名	京都市上京区小山初音町２０番地 河田　透
戸籍事項 氏の変更 戸籍編製	【氏変更日】平成２３年７月１３日 【氏変更の事由】戸籍法７３条の２の届出 【編製日】平成２３年７月１７日
戸籍に記録されている者	【名】透 【生年月日】平成２年１月１０日 【父】沢田雄一郎 【母】沢田美子 【続柄】長男
身分事項 出　　生	（出生事項省略）
離　　縁	【離縁日】平成２３年７月１３日 【養父氏名】河田優作
氏の変更	【氏変更日】平成２３年７月１３日 【氏変更の事由】戸籍法７３条の２の届出 【送付を受けた日】平成２３年７月１７日 【受理者】東京都千代田区長 【従前戸籍】東京都千代田区平河町一丁目８番地　河田優作
	以下余白

発行番号０００００００

9 夫婦が他の夫婦の養子となり新戸籍が編製される場合（養子の新本籍地に届出）

（1の1）　全部事項証明

本　　　籍 氏　　　名	東京都千代田区平河町二丁目１０番地 山本　卓
戸籍事項 　戸籍編製	 【編製日】平成２５年１月８日
戸籍に記録されている者	【名】卓 【生年月日】昭和４０年３月８日　　　【配偶者区分】夫 【父】市川弘次 【母】市川サト子 【続柄】長男 【養父】山本太郎 【養母】山本孝子 【続柄】養子
身分事項 　出　　生	 （出生事項省略）
婚　　姻	（婚姻事項省略）
養子縁組	【縁組日】平成２５年１月８日 【共同縁組者】妻 【養父氏名】山本太郎 【養母氏名】山本孝子 【養親の戸籍】東京都千代田区平河町一丁目４番地　山本太郎 【従前戸籍】東京都北区赤羽二丁目２番地　市川卓
戸籍に記録されている者	【名】道子 【生年月日】昭和４１年１１月３日　　　【配偶者区分】妻 【父】鈴木一郎 【母】鈴木君子 【続柄】長女 【養父】山本太郎 【養母】山本孝子 【続柄】養女
身分事項 　出　　生	 （出生事項省略）
婚　　姻	（婚姻事項省略）
養子縁組	【縁組日】平成２５年１月８日 【共同縁組者】夫 【養父氏名】山本太郎 【養母氏名】山本孝子 【養親の戸籍】東京都千代田区平河町一丁目４番地　山本太郎 【従前戸籍】東京都北区赤羽二丁目２番地　市川卓
	以下余白

発行番号０００００００

10 外国人と婚姻・離婚した場合等やむを得ない事由によって氏を変更する場合

外国人と婚姻した者（日本人）が、その氏を配偶者の称している氏に変更しようとするときは、その者は、その婚姻の日から六か月以内に限り、家庭裁判所の許可を得ないで、その旨を届け出ることができます（戸一〇七条二項）。この場合に、その届出をした者の戸籍に在る者が他にあるときは、氏を変更した者について新戸籍が編製されます（戸二〇条の二第一項）。

外国人と婚姻した者がその氏を配偶者の称している氏に変更した後、その者が離婚、婚姻の取消し又は配偶者の死亡の日以後に、その氏を変更前の氏に変更しようとするときは、その者は、その日から三か月以内に限り、家庭裁判所の許可を得ないで、その旨を届け出ることができます（戸一〇七条三項）。この場合に、その届け出をした者の戸籍に在る者が他にあるときは、氏を変更した者について新戸籍が編製されます（戸二〇条の二第一項）。

また、やむを得ない事由によって氏を変更しようとするときは、戸籍の筆頭に記載した者及びその配偶者は、家庭裁判所の許可を得て、その旨を届け出なくてはなりません（戸一〇七条一項）。この規定は、同条第四項の場合に準用されています。第四項では、父又は母が外国人である者（ただし、戸籍の筆頭に記載した者又はその配偶者は除かれます。）で、その氏をその父又は母の称している氏に変更しようとするものは、家庭裁判所の許可を得て、その旨を届け出なければなりません（戸一〇七条四項）。氏を変更する旨の届け出があったときは、届出人について新戸籍が編製されます（戸二〇条の二第二項）。

右に述べた氏の変更（呼称上の氏の変更）の効果は、本人のみに及ぶものですから、氏を変更する届出人の戸籍に在る者が他にあるときは、届出人について新戸籍を編製することになるのです。

10 外国人男と婚姻した日本人女が、配偶者の称している氏に変更したが、その者の戸籍に在る者が他にあり、氏を変更した者について新戸籍が編製される場合（本籍地に届出）

（1の1）　全 部 事 項 証 明

本　　　籍 氏　　　名	東京都千代田区平河町一丁目４番地 ファンデンボッシュ，春子
戸籍事項 　氏の変更 　戸籍編製	【氏変更日】平成２８年7月３日 【氏変更の事由】戸籍法１０７条２項の届出 【編製日】平成２８年7月３日
戸籍に記録されている者	【名】春子 【生年月日】平成２年１月１５日　　　【配偶者区分】妻 【父】桜田利雄 【母】桜田順子 【続柄】長女
身分事項 　出　　生	（出生事項省略）
婚　　姻	【婚姻日】平成２８年１月１０日 【配偶者氏名】ファンデンボッシュ、ウェイン 【配偶者の国籍】アメリカ合衆国 【配偶者の生年月日】西暦１９８６年１月１日 【従前戸籍】東京都千代田区平河町一丁目４番地　桜田利雄
氏の変更	【氏変更日】平成２８年7月３日 【氏変更の事由】戸籍法１０７条２項の届出 【従前戸籍】東京都千代田区平河町一丁目４番地　桜田春子
	以下余白

発行番号０００００００

11 特別養子縁組の場合

特別養子縁組（民八一七条の二、戸六八条の二）の届出があったときは、実親の戸籍から除籍し、養子について新戸籍が編製されます。ただし、養子が養親の戸籍に在るときは、新戸籍は編製されません（戸二〇条の三第一項）。

特別養子縁組の戸籍の変動については、「第四章　相続における戸籍の見方 **12**」を参照してください。

12 性別の取扱いの変更の審判を受けた場合

性別の取扱いの変更の審判があった場合において、当該性別の取扱いの変更の審判を受けた者の戸籍に記載されている者（その戸籍から除かれた者がいる場合も含まれます。）が他にあるときは、当該性別の取扱いの変更の審判を受けた者について新戸籍が編製されます（戸二〇条の四、戸規三五条一六号、三九条一項九号、平一六・六・二三民一第一八一三号通達）。

13 分籍をした場合

成年に達した者は、分籍をすることができます。ただし、戸籍の筆頭に記載した者及びその配偶者は、分籍することはできません（戸二一条一項）。他の市区町村に新本籍を定める分籍の届出には、届書に戸籍謄本を添付しなければなりません（戸一〇〇条二項）。分籍の届出があったときは、新戸籍が編製されます（戸二一条）。

除　　籍	（１の１）　全部事項証明
本　　籍 氏　　名	東京都千代田区平河町一丁目８番地 田中　誠
戸籍事項 戸籍編製 戸籍消除	（編製事項省略） 【消除日】平成２６年８月２３日
戸籍に記録されている者 除　　籍	【名】誠 【生年月日】昭和５７年６月２日 【父】田中幸雄 【母】田中松子 【続柄】長男
身分事項 出　　生	（出生事項省略）
婚　　姻	（婚姻事項省略）
離　　婚	（離婚事項省略）
平成１５年法律第１１１号３条	【平成１５年法律第１１１号３条による裁判確定日】平成２６年８月２０日 【記録嘱託日】平成２６年８月２３日 【新本籍】東京都千代田区平河町一丁目８番地
戸籍に記録されている者 除　　籍	【名】梅子 【生年月日】昭和５９年１月８日 【父】乙野忠治 【母】乙野春子 【続柄】長女
身分事項 出　　生	（出生事項省略）
婚　　姻	（婚姻事項省略）
離　　婚	（離婚事項省略）
	以下余白

発行番号０００００

12 「誠」について、離婚後、性別の取扱いが男から女に変更された場合（新戸籍）

（1の1）　全部事項証明

本　　籍 氏　　名	東京都千代田区平河町一丁目８番地 田中　芳子
戸籍事項 戸籍編製	【編製日】平成２６年８月２３日
戸籍に記録されている者	【名】芳子 【生年月日】昭和５７年６月２日 【父】田中幸雄 【母】田中松子 【続柄】長女
身分事項 出　　生	（出生事項省略）
平成１５年法律第１１１号３条	【平成１５年法律第１１１号３条による裁判確定日】平成２６年８月２０日 【記録嘱託日】平成２６年８月２３日 【従前戸籍】東京都千代田区平河町一丁目８番地　田中誠 【従前の記録】 　【父母との続柄】長男
名の変更	【名の変更日】平成２６年８月２３日 【従前の記録】 　【名】誠
	以下余白

発行番号０００００００

（1の1）　全部事項証明

本　　籍 氏　　名	千葉県富里市七栄９１番地 甲野　太郎
戸籍事項	（編製事項省略）
戸籍に記録されている者	【名】太郎 【生年月日】昭和２８年６月４日　【配偶者区分】夫 【父】甲野義助 【母】甲野ハナ 【続柄】長男
身分事項 略	略
戸籍に記録されている者	【名】梅 【生年月日】昭和３０年９月５日　【配偶者区分】妻 【父】乙野忠治 【母】乙野春子 【続柄】長女
身分事項 略	略
戸籍に記録されている者 除　　籍	【名】一郎 【生年月日】昭和６３年４月６日 【父】甲野太郎 【母】甲野梅 【続柄】長男
身分事項 出　　生	【出生日】昭和６３年４月６日 【出生地】千葉県富里市 【届出日】昭和６３年４月８日 【届出人】父
分　　籍	【分籍日】平成３０年１月１０日 【送付を受けた日】平成３０年１月１２日 【受理者】東京都北区長 【新本籍】東京都北区赤羽一丁目８番地
	以下余白

発行番号０００００００

13 分籍後の新戸籍（分籍後の本籍地に届出）

（1の1）　全部事項証明

本　　籍 氏　　名	東京都北区赤羽一丁目８番地 甲野　一郎
戸籍事項 　戸籍編製	【編製日】平成３０年１月１０日
戸籍に記録されている者	【名】一郎 【生年月日】昭和６３年４月６日 【父】甲野太郎 【母】甲野梅 【続柄】長男
身分事項 　出　　生	【出生日】昭和６３年４月６日 【出生地】千葉県富里市 【届出日】昭和６３年４月８日 【届出人】父
分　　籍	【分籍日】平成３０年１月１０日 【従前戸籍】千葉県富里市七栄９１番地　甲野太郎
	以下余白

発行番号０００００００

14 無籍者の場合

無籍者とは、日本人でありながら戸籍に記載されていない者をいいます。

父又は母の戸籍に入る者を除く外、戸籍に記載がない者について、新たに戸籍の記載をすべきときは、新戸籍が編製されます（戸二二条）。

戸籍に記載がない者について新たに戸籍の記載をすべきときとは、棄児の届出（戸一〇二条）、国籍取得の届出（戸一〇二条の二）、帰化の届出（戸一一〇条）及び就籍の届出（戸一一一条）が出されたときです。

棄児の場合

棄児を発見した者又は棄児発見の申告を受けた警察官は、二四時間以内にその旨を市区町村長に申し出ることになっています。申し出があったときは、新戸籍が編製されることになりますが、父母欄及び続柄欄には「不詳」の字句は記載されず、また、年月日欄にも「推定」の字句は記載されません（昭二七・四・七民事甲三九九号回答）。この棄児について、父又は母が判明し、棄児を引き取ったときは、その日から一か月以内に、父又は母から出生の届出をし、かつ、最初に編製した新戸籍を消除する戸籍訂正をしなければなりません（戸五九条）。

国籍取得による場合

日本で生まれた子について父母がともに知れないとき、又は無国籍であるときは、子は出生によって日本国籍を取得します（国二条三号）ので、その子について、出生の届出によって新戸籍が編製されます。

帰化の場合

日本国民でない者（外国人）は、帰化許可の申請をし、この申請に対し法務大臣が許可を与えることによって、日本の国籍を取得できます（国四条、五条、六条、七条、八条、九条）。帰化を許可された者は、帰化許可の公示の日から一か月以内に帰化の届出をしなければなりません。帰化を許可された者が日本人配偶者の戸籍に入る場合等のほかは、新戸籍が編製されます。

就籍の場合

右に述べた以外にも何らかの事情により無籍となっている者については、家庭裁判所の許可を得て、許可の日から一〇日以内に就籍の届出をしなければなりません（戸一一〇条、一一一条）。届け出により新戸籍が編製されます。

（1の1）　全部事項証明

本　　　籍 氏　　　名	東京都千代田区九段南一丁目２番地 桜田　一郎
戸籍事項 　戸籍編製	 【編製日】平成３０年８月３日
戸籍に記録されている者	 【名】一郎 【生年月日】平成２年６月４日 【父】金光仁 【母】朴貞 【続柄】長男
身分事項 　出　　生	 【出生日】平成２年６月４日 【出生地】東京都千代田区 【届出日】平成２年８月３日 【届出人】父
帰　　化	【帰化日】平成３０年７月２８日 【届出日】平成３０年８月３日 【帰化の際の国籍】韓国 【従前の氏名】金尚中
	以下余白

発行番号０００００００

15 転籍をした場合

他の市区町村に転籍しようとするときは、届書に新本籍を記載して、戸籍の筆頭に記載した者及びその配偶者が、その旨を届け出なければなりません。転籍の届書には戸籍の謄本を添付し、新本籍の市区町村においては、この謄本により新戸籍が編製されます（戸一〇八条、戸規三七条）。

除　　籍	（２の１）　全部事項証明
本　　籍 氏　　名	東京都北区赤羽二丁目２番地 中田　貞雄
戸籍事項 戸籍編製 転　　籍	（編製事項省略） 【転籍日】平成３０年８月８日 【新本籍】東京都千代田区平河町二丁目１０番地 【送付を受けた日】平成３０年８月１０日 【受理者】東京都千代田区長
戸籍に記録されている者 除　　籍	【名】貞雄 【生年月日】昭和４０年３月５日　【配偶者区分】夫 【父】中田貞治 【母】中田恵美子 【続柄】長男
身分事項 出　　生	（出生事項省略）
婚　　姻	（婚姻事項省略）
認　　知	【認知日】平成２年１月８日 【認知した子の氏名】内山信男 【認知した子の戸籍】京都市上京区小山初音町１８番地　内山梅子
戸籍に記録されている者 除　　籍	【名】泰江 【生年月日】昭和４１年１１月３日　【配偶者区分】妻 【父】鈴木一郎 【母】鈴木君子 【続柄】長女
身分事項 出　　生	（出生事項省略）
婚　　姻	（婚姻事項省略）
戸籍に記録されている者 除　　籍	【名】エミ 【生年月日】平成２年７月９日 【父】中田貞雄 【母】中田泰江 【続柄】長女
身分事項	

発行番号０００００　　以下次頁

（2の2）　全 部 事 項 証 明

出　　生	【出生日】平成２年７月９日 【出生地】東京都北区 【届出日】平成２年７月１１日 【届出人】父
婚　　姻	（婚姻事項省略）
離　　婚	【離婚日】平成２８年１月３日 【配偶者氏名】高田秀男 【送付を受けた日】平成２８年１月５日 【受理者】東京都千代田区長 【従前戸籍】東京都千代田区永田町一丁目１０番地　高田秀男
	以下余白

発行番号０００００００

（１の１）　全部事項証明

15 転籍後の新戸籍（転籍後の本籍地に届出）

本　　籍 氏　　名	東京都千代田区平河町二丁目１０番地 中田　貞雄
戸籍事項 転　　籍	【転籍日】平成３０年８月８日 【従前本籍】東京都北区赤羽二丁目２番地
戸籍に記録されている者	【名】貞雄 【生年月日】昭和４０年３月５日　【配偶者区分】夫 【父】中田貞治 【母】中田恵美子 【続柄】長男
身分事項 出　　生 婚　　姻	（出生事項省略） （婚姻事項省略） **認知事項は移記されません（戸籍法施行規則第39条）**
戸籍に記録されている者	【名】泰江 【生年月日】昭和４１年１１月３０日　【配偶者区分】妻 【父】鈴木一郎 【母】鈴木君子 【続柄】長女
身分事項 出　　生 婚　　姻	（出生事項省略） （婚姻事項省略）
戸籍に記録されている者	【名】エミ 【生年月日】平成２年７月９日 【父】中田貞雄 【母】中田泰江 【続柄】長女
身分事項 出　　生	【出生日】平成２年７月９日 【出生地】東京都北区 【届出日】平成２年７月１１日 【届出人】父 **離婚事項は移記されません（戸籍法施行規則第39条）**

発行番号０００００００

16 皇族の身分を離れた場合

皇族の身分については、皇統譜に登録されます（皇室典範二条）。皇族の身分を離れた者及び皇族となった者については、皇族の身分を離れた者及び皇族となった者の戸籍に関する法律（昭和二二年法律第一一一号）が適用され、新戸籍が編製されます。

第二　除籍とは

除籍とは、①戸籍内の全員を除く場合と、②戸籍に在る者の内一人を除く場合の二つの意味があります。

①は、戸籍に在る者が全員死亡した場合や本籍を他の市区町村へ移転（転籍）した場合のように、戸籍に在る者の全てが在籍しなくなって戸籍そのものを除籍する場合です。

除籍簿の保存期間は、除籍された年度の翌年から一五〇年です（戸規五条四項）。

②は、婚姻、養子縁組、分籍、死亡などによって、戸籍から該当する者だけを除籍する場合です。

一　戸籍に在る者全員がその戸籍から除かれた場合

それでは、どのような場合に戸籍全部が除籍されるのかみていきましょう。

なお、法律によって戸籍の様式が変更された場合（戸規三四条六号）や戸籍の全部（又は一部）が滅失あるいは滅失のおそれがあり、戸籍が再製された場合（戸一一条、一一条の二、戸規九条、一〇条、三四条六号）も戸籍全部が除籍されますが、これらについては、「第三章　改製原戸籍、戸籍の再製とは」で説明します。

1 戸籍に在る者の全員が死亡した場合（戸八六条等）（本籍地に届出）

除　　籍	（1の1）　全部事項証明
本　　籍 氏　　名	東京都北区赤羽二丁目２番地 中田　貞雄
戸籍事項 　戸籍編製 　戸籍消除	 （編製事項省略） 【消除日】平成３０年６月２６日
戸籍に記録されている者 除　　籍	【名】貞雄 【生年月日】昭和４０年３月５日 【父】中田貞治 【母】中田恵美子 【続柄】長男
身分事項 　出　　生	 （出生事項省略）
婚　　姻	（婚姻事項省略）
死　　亡	【死亡日】平成２５年８月２３日 【死亡時分】午後７時３０分 【死亡地】東京都北区 【届出日】平成２５年８月２４日 【届出人】親族　中田治信
戸籍に記録されている者 除　　籍	【名】泰江 【生年月日】昭和４０年１月１０日 【父】鈴木一郎 【母】鈴木君子 【続柄】長女
身分事項 　出　　生	 （出生事項省略）
婚　　姻	（婚姻事項省略）
配偶者の死亡	【配偶者の死亡日】平成２５年８月２３日
死　　亡	【死亡日】平成３０年６月２５日 【死亡時分】午後８時３０分 【死亡地】東京都北区 【届出日】平成３０年６月２６日 【届出人】親族　中田治信
	以下余白

発行番号０００００００

除　　籍	（1の1）　全部事項証明
本　　籍	東京都北区赤羽二丁目15番地
氏　　名	市川　卓
戸籍事項 　戸籍編製 　戸籍消除	（編製事項省略） 【消除日】平成25年1月10日
戸籍に記録されている者 除　　籍	【名】卓 【生年月日】平成2年3月5日　　　【配偶者区分】夫 【父】市川弘次 【母】市川サト子 【続柄】長男
身分事項 　出　　生 　婚　　姻 　養子縁組	（出生事項省略） （婚姻事項省略） 【縁組日】平成25年1月8日 【共同縁組者】妻 【養父氏名】山本太郎 【養母氏名】山本孝子 【養親の戸籍】東京都千代田区平河町一丁目4番地　山本太郎 【送付を受けた日】平成25年1月10日 【受理者】東京都千代田区長 【新本籍】東京都千代田区平河町二丁目10番地
戸籍に記録されている者 除　　籍	【名】道子 【生年月日】平成2年11月30日　　【配偶者区分】妻 【父】鈴木一郎 【母】鈴木君子 【続柄】長女
身分事項 　出　　生 　婚　　姻 　養子縁組	（出生事項省略） （婚姻事項省略） 【縁組日】平成25年1月8日 【共同縁組者】夫 【養父氏名】山本太郎 【養母氏名】山本孝子 【養親の戸籍】東京都千代田区平河町一丁目4番地　山本太郎 【送付を受けた日】平成25年1月10日 【受理者】東京都千代田区長 【新本籍】東京都千代田区平河町二丁目10番地

発行番号000000

3 特別養子縁組によって新戸籍が編製された場合（養親の本籍地に届出）

※編製された日に戸籍が消除されます。

除　　　籍	（1の1）　全部事項証明
本　　　籍 氏　　　名	京都市上京区小山初音町１８番地 甲野　英助
戸籍事項 　戸籍編製 　戸籍消除	 【編製日】平成２３年３月２６日 【消除日】平成２３年３月２６日
戸籍に記録されている者 除　　籍	【名】英助 【生年月日】平成２１年１月１４日 【父】甲野義太郎 【母】甲野梅子 【続柄】三男
身分事項 　出　　生	 （出生事項省略）
特別養子縁組	【特別養子縁組の裁判確日】平成２３年３月２０日 【養父氏名】甲野義太郎 【養母氏名】甲野梅子 【届出日】平成２３年３月２２日 【届出人】父母 【送付を受けた日】平成２３年３月２６日 【受理者】東京都千代田区長 【従前戸籍】京都市上京区小山初音町１８番地　乙川孝助 【入籍戸籍】東京都千代田区平河町一丁目４番地　甲野義太郎
	以下余白

発行番号０００００００

※　特別養子縁組における戸籍の変動は、「第４章　相続における戸籍の見方」を参照して下さい。

4 棄児発見調書によって戸籍が編製された棄児が、父又は母に引き取られた場合

※戸籍訂正により戸籍が消除されます（戸五九条）。

除　　籍	（1の1）　全部事項証明
本　　籍	東京都千代田区永田町一丁目１０番地
氏　　名	永田　国男
戸籍事項 　戸籍編製 　戸籍消除	 【編製日】平成２３年８月３日 【消除日】平成２５年１０月７日
戸籍に記録されている者 除　　籍	【名】国男 【生年月日】平成２３年６月４日
身分事項 　出　　生	 【出生日】平成２３年６月４日 【届出日】平成２３年８月３日 【届出人】東京都千代田区長
引取り	【引取日】平成２５年１０月５日 【引取人】父 【引取人の戸籍】東京都千代田区平河町一丁目４番地　甲野義太郎 【引取人氏名】甲野義太郎 【申請日】平成２５年１０月７日 【消除事由】引取り
	以下余白

発行番号０００００

※　この場合の戸籍訂正については、家庭裁判所の許可及び管轄法務局の長の許可は不要です。

5 戸籍にある者が全員国籍を喪失した場合（国一一条等、戸一〇三条）（本籍地に届出）

除　　籍	（1の1）　全部事項証明
本　　籍 氏　　名	東京都北区赤羽二丁目８番地 大森　峰夫
戸籍事項 戸籍編製 戸籍消除	 （編製事項省略） 【消除日】平成３０年５月１０日
戸籍に記録されている者 除　　籍	【名】峰夫 【生年月日】昭和４０年３月５日 【父】大森修二 【母】大森ミサ子 【続柄】長男
身分事項 出　　生 婚　　姻 国籍喪失	 （出生事項省略） （婚姻事項省略） 【国籍喪失日】平成３０年４月３０日 【喪失事由】アメリカ合衆国の国籍取得 【届出日】平成３０年５月１０日 【届出人】親族　大森二雄
戸籍に記録されている者 除　　籍	【名】倫之 【生年月日】平成１０年２月６日 【父】大森峰夫 【母】ベルナール，マリア 【続柄】長男
身分事項 出　　生 国籍喪失	 （出生事項省略） 【国籍喪失日】平成３０年４月３０日 【喪失事由】アメリカ合衆国の国籍取得 【届出日】平成３０年５月１０日 【届出人】親族　大森二雄
	以下余白

発行番号０００００００

6 他の市区町村へ転籍した場合の従前戸籍（戸一〇八条）

転籍による戸籍の変動は、「第二章第一　新戸籍の編製」の15を参照して下さい。

7 戸籍訂正による戸籍の全部消除（戸二四条、一一三条、一一四条、一一六条、戸規三四条五号等）

戸籍訂正による戸籍全部消除の例としては、婚姻による新戸籍編製後に婚姻無効の確定判決に基づいて戸籍訂正する場合、あるいは、夫婦で養子となった者が養親の氏で新戸籍編製後に養子縁組無効の確定判決に基づいて戸籍訂正する場合等があります。

養子縁組無効の確定判決による戸籍の全部消除は、次のとおりです。

除　　籍	（2の1）　全部事項証明
本　　籍	東京都千代田区平河町一丁目3番地
氏　　名	中川　太郎

戸籍事項	
編製事項	（編製事項省略）
戸籍消除	【消除日】平成20年12月8日

戸籍に記録されている者	
 消　除	【名】太郎 【生年月日】昭和50年6月21日　　【配偶者区分】夫 【父】甲野幸雄 【母】甲野松子 【続柄】長男

身分事項	
	（身分事項省略）
消　除	【消除日】平成20年12月8日 【消除事項】縁組事項 【消除事由】養父中川忠太郎養母杉子との養子縁組無効の裁判確定 【裁判確定日】平成20年12月4日 【申請日】平成20年12月8日 【申請人】養父　中川忠太郎 【申請人】養母　中川杉子 【従前の記録】 　　【縁組日】平成20年5月11日 　　【養父氏名】中川忠太郎 　　【養母氏名】中川杉子 　　【従前戸籍】東京都千代田区平河町二丁目10番地　甲野太郎

戸籍に記録されている者	
 消　除	【名】梅子 【生年月日】昭和51年1月8日　　【配偶者区分】妻 【父】乙野忠治 【母】乙野春子 【続柄】長女

身分事項	
	（身分事項省略）
消　除	【消除日】平成20年12月8日 【消除事項】縁組事項 【消除事由】養父中川忠太郎養母杉子との養子縁組無効の裁判確定

発行番号000000　　　　　　　　　　　　　　　　　　　　　　以下次頁

（2の2）　全 部 事 項 証 明

	【裁判確定日】平成２０年１２月４日 【申請日】平成２０年１２月８日 【申請人】養父　中川忠太郎 【申請人】養母　中川杉子 【従前の記録】 　【縁組日】平成２０年５月１１日 　【養父氏名】中川忠太郎 　【養母氏名】中川杉子 　【従前戸籍】東京都千代田区平河町二丁目１０番地 　　甲野太郎
	以下余白

発行番号０００００００

二　一つの戸籍内にある者が、婚姻、養子縁組、分籍及び死亡などの原因によって除籍される場合（戸二三条）

1　婚姻による場合（戸一六条）

婚姻の届出があったときは、夫婦について新戸籍が編製されます（戸一六条一項本文）。この場合は、夫も妻もそれぞれの実家から除籍されます。

ただし、夫婦が、夫の氏を称する場合に夫、妻の氏を称する場合に妻が戸籍に筆頭に記載された者であるときは、除籍されません（戸一六条一項ただし書）。

また、日本人と外国人との婚姻の届出があったときは、その日本人が戸籍の筆頭に記載された者でないときは、日本人について実家の戸籍から除籍され、新戸籍が編製されます（戸一六条三項）。

2　戸籍の筆頭に記載した者及びその配偶者以外の者がこれと同一の氏を称する子又は養子を有するに至った場合（戸一七条）

親の戸籍に在る未婚の女性が子を出産すると未婚の女性は親の戸籍から除籍され、新戸籍が編製されます（戸一七条、一八条二項）。

（2の1）　全部事項証明

本　　籍 氏　　名	東京都北区赤羽二丁目２５番地 内山　真
戸籍事項 戸籍編製	（編製事項省略）
戸籍に記録されている者 除　　籍	【名】康人 【生年月日】昭和６３年１０月５日 【父】内山真 【母】内山ミエ 【続柄】長男
身分事項 出　　生	（出生事項省略）
婚　　姻	【婚姻日】平成２５年６月５日 【配偶者氏名】上田里子 【新本籍】東京都北区赤羽二丁目１０番地 【称する氏】夫の氏
	以下余白

発行番号０００００００

（２の１）　全部事項証明

本　　籍	東京都北区赤羽二丁目３０番地
氏　　名	梅山　翔
戸籍事項 戸籍編製	（編製事項省略）
〜〜〜	〜〜〜
戸籍に記録されている者 除　籍	【名】美子 【生年月日】平成２年８月８日 【父】梅山翔 【母】梅山倫子 【続柄】長女
身分事項 出　生	（出生事項省略）
子の出生	【届出日】平成２３年１２月２日 【除籍事由】子の出生届出 【送付を受けた日】平成２３年１２月５日 【受理者】京都市上京区長 【新本籍】東京都千代田区平河町一丁目５番地
	以下余白

発行番号０００００００

3 養子縁組による場合（戸一八条三項）

養子縁組をすると養子（単独の縁組）は、実親の戸籍から除籍され、養親の戸籍に入ります。

4 婚姻によって氏を改めた者が離婚した場合（戸一九条一項）

婚姻によって氏を改めた者が離婚すると婚姻前の氏に復し（民七六七条一項）、婚姻中の戸籍から除籍され、婚姻前の戸籍に入るか、新戸籍が編製されます。

5 養子縁組によって氏を改めた者が離縁した場合（戸一九条一項）

養子縁組によって氏を改めた者が離縁すると、縁組前の氏に復し（民八一六条一項）、養子縁組中の戸籍から除籍され、縁組前の戸籍に入るか、新戸籍が編製されます。

6 婚姻又は縁組取消しの裁判が確定した場合（戸一九条一項）

婚姻又は縁組取消しの裁判が確定すると、氏を改めた者は、婚姻又は養子縁組前の氏に復し（民七四九条、七六七条一項、八〇八条二項、八一六条一項）、婚姻中又は養子縁組中の戸籍から除籍され、婚姻前又は縁組前の戸籍に入るか、新戸籍が編製されます。

離婚又は離縁取消しの裁判が確定した場合も離婚又は離縁によって編製（あるいは入籍）した戸籍から除籍されます。

3 養子縁組による場合（養親の本籍地に届出）

（1の1）　全部事項証明

本　　　籍	東京都杉並区桃井三丁目５番地
氏　　　名	川上　修
戸籍事項 　戸籍編製	（編製事項省略）
〜〜〜	〜〜〜
戸籍に記録されている者 除　　籍	【名】芳子 【生年月日】平成１０年１月８日 【父】川上修 【母】川上多美 【続柄】二女
身分事項 　出　　生	（出生事項省略）
養子縁組	【縁組日】平成２７年９月２０日 【養父氏名】杉田忍 【養母氏名】杉田良子 【送付を受けた日】平成２７年９月２３日 【受理者】東京都北区長 【入籍戸籍】東京都北区赤羽二丁目２番地　杉田忍
	以下余白

発行番号０００００００

（2の1）　全部事項証明

本　　籍 氏　　名	東京都北区赤羽二丁目１０番地 杉田　幸雄
戸籍事項 　戸籍編製	（編製事項省略）
戸籍に記録されている者 除　　籍	【名】里子 【生年月日】平成４年６月６日 【父】上田昇 【母】上田雪江 【続柄】長女
身分事項 　出　　生	（出生事項省略）
婚　　姻	（婚姻事項省略）
離　　婚	【離婚日】平成３０年５月１０日 【配偶者氏名】杉田幸雄 【入籍戸籍】京都市上京区小山初音町３０番地　上田昇
	以下余白

発行番号０００００００

（1の1）　全部事項証明

本　　籍 氏　　名	東京都北区赤羽二丁目５番地 熊谷　治信
戸籍事項 戸籍編製	（編製事項省略）
〜〜〜	〜〜〜
戸籍に記録されている者 除　籍	【名】芳子 【生年月日】平成１０年１月８日 【父】川上修 【母】川上多美 【続柄】二女 【養父】熊谷治信 【養母】熊谷桃枝 【続柄】養女
身分事項 出　生	（出生事項省略）
養子縁組	（養子縁組事項省略）
養子離縁	【離縁日】平成３０年１１月２０日 【養父氏名】熊谷治信 【養母氏名】熊谷桃枝 【入籍戸籍】東京都杉並区桃井三丁目５番地　川上修
	以下余白

発行番号０００００００

6 婚姻前既に夫が戸籍の筆頭に記載されていて婚姻取消しの裁判が確定した場合（婚姻中の本籍地に届出）

（1の1）　全 部 事 項 証 明

本　　籍 氏　　名	東京都北区赤羽二丁目１０番地 杉田　幸雄
戸籍事項 　戸籍編製	【編製日】平成２３年１１月５日
戸籍に記録されている者	【名】幸雄 【生年月日】昭和６３年１０月５日 【父】杉田忍 【母】杉田良子 【続柄】長男
身分事項 　出　　生	(出生事項省略)
婚　　姻	【婚姻日】平成２５年１２月５日 【配偶者氏名】上田里子
婚姻取消し	【婚姻取消しの裁判確定日】平成２６年２月１０日 【配偶者氏名】杉田里子 【記録請求日】平成２６年２月１３日
戸籍に記録されている者 除　　籍	【名】里子 【生年月日】平成２年３月３日 【父】上田亮介 【母】上田妙子 【続柄】長女
身分事項 　出　　生	(出生事項省略)
婚　　姻	【婚姻日】平成２５年１２月５日 【配偶者氏名】杉田幸雄 【従前戸籍】京都市上京区小山初音町３０番地　上田亮介
婚姻取消し	【婚姻取消しの裁判確定日】平成２６年２月１０日 【配偶者氏名】杉田幸雄 【記録請求日】平成２６年２月１３日 【入籍戸籍】京都市上京区小山初音町３０番地　上田亮介
	以下余白

発行番号００００００

7　生存配偶者が復氏した場合（民七五一条一項、戸一九条二項、九五条）

夫婦の一方が死亡したとき、生存配偶者は、婚姻前の氏に復することができます。この場合、婚姻中の戸籍から除籍され、婚姻前の戸籍に入るか、新戸籍が編製されます。

8　子の氏の変更の場合（民七九一条、戸一九条二項、九八条一項）

①　子が父又は母と氏が異なる場合、子は、家庭裁判所の許可を得て、市区町村に届け出ることによって、父又は母の氏を称することができます（民七九一条一項）。

②　父又は母が氏を改めたことにより子が父母と氏を異にする場合には、子は、父母の婚姻中に限り、家庭裁判所の許可を得ないで、市区町村に届け出ることによって、父母の氏を称することができます（民七九一条二項）。

③　右①及び②によって氏を改めた未成年の子が、成年に達した時から一年以内に、家庭裁判所の許可を得ないで、市区町村に届け出ることによって従前の氏に復することができます（民七九一条四項、戸九八条一項、戸九九条一項）

右記①～③の方法によって氏を変更した者は、変更前の戸籍から除籍され、変更後の戸籍に入籍するか新戸籍が編製されます。

ここでは、③の場合の除籍の例を示します。

除　　籍	（1の1）　全部事項証明
本　　籍 氏　　名	東京都千代田区平河町一丁目８番地 山下　孝一
戸籍事項 　戸籍編製 　戸籍消除	 【編製日】平成２５年１２月５日 【消除日】平成３２年４月１４日
戸籍に記録されている者 除　　籍	【名】孝一 【生年月日】昭和５３年１０月１日 【父】山下明 【母】山下清子 【続柄】長男
身分事項 　出　　生	 （出生事項省略）
婚　　姻	【婚姻日】平成２５年１２月５日 【配偶者氏名】坂本由美 【従前戸籍】東京都北区赤羽二丁目２番地　山下明
死　　亡	【死亡日】平成３０年４月４日 【死亡時分】午後８時３０分 【死亡地】東京都千代田区 【届出日】平成３０年４月５日 【届出人】親族　山下由美
戸籍に記録されている者 除　　籍	【名】由美 【生年月日】平成２年３月３日 【父】坂本実 【母】坂本由佳 【続柄】長女
身分事項 　出　　生	 （出生事項省略）
婚　　姻	【婚姻日】平成２５年１２月５日 【配偶者氏名】山下孝一 【従前戸籍】京都市上京区小山初音町２８番地　坂本実
配偶者の死亡	【配偶者の死亡日】平成３０年４月４日
復　　氏	【婚姻前の氏に復した日】平成３２年４月１２日 【送付を受けた日】平成３２年４月１４日 【受理者】京都市上京区長 【新本籍】京都市上京区小山初音町２０番地
	以下余白

発行番号０００００００

8 **氏を改めた未成年者が成年に達した後、従前の氏に復する場合（復氏後の本籍地に届出）**

（1の1）　全部事項証明

本　　籍 氏　　名	東京都千代田区平河町一丁目８番地 及川　敏子
戸籍事項 　戸籍編製	 【編製日】平成２０年５月１３日
戸籍に記録されている者	【名】敏子 【生年月日】昭和４３年４月１０日 【父】及川和男 【母】及川孝子 【続柄】長女
身分事項 　出　生	 （出生事項省略）
婚　姻	（婚姻事項省略）
離　婚	【離婚日】平成２０年５月１０日 【配偶者氏名】川上利夫 【送付を受けた日】平成２０年５月１３日 【受理者】東京都北区長 【従前戸籍】東京都北区赤羽二丁目１０番地　川上利夫
戸籍に記録されている者 除　　籍	【名】邦夫 【生年月日】平成７年３月６日 【父】川上利夫 【母】及川敏子 【続柄】長男
身分事項 　出　生	 （出生事項省略）
入　籍	【届出日】平成２０年７月８日 【入籍事由】母の氏を称する入籍 【届出人】親権者母 【従前戸籍】東京都北区赤羽二丁目１０番地　川上利夫
入　籍	【届出日】平成２７年５月６日 【除籍事由】従前の氏に復する入籍届 【送付を受けた日】平成２７年５月８日 【受理者】京都市上京区長 【新本籍】京都市上京区小山初音町３８番地
	以下余白

発行番号０００００

9　特別養子となった者が離縁する場合（民八一七条の二〜八一七条の一一、戸二〇条の三）

特別養子縁組は、その成立によって実親及びその血族との親族関係を終了させる縁組であり（民八一七条の九）、実親子関係と同様の安定した養親子関係を形成することを目的にしているので特別養子縁組の離縁は、原則として認められません。しかし、養親による養子への虐待あるいは、悪意の遺棄等がある場合には、家庭裁判所は離縁を認めることができます（民八一七条の一〇、昭和六二年一〇月一日民二第五〇〇〇号通達第六、二、(1)、(2)）。離縁によって養子は養親の戸籍から除籍されます。

特別養子縁組の戸籍の変動については、「第四章　相続における戸籍の見方　**12**」を参照してください。

9 **特別養子となった者が離縁する場合（特別養子縁組中の本籍に届出）**

※特別養子が特別養子縁組により除籍された戸籍に復籍する場合

（1の1）　全部事項証明

本　　　籍	東京都千代田区平河町一丁目１０番地
氏　　　名	甲野　義太郎
戸籍事項 戸籍編製	（編製事項省略）
戸籍に記録されている者	【名】義太郎 【生年月日】昭和４０年６月２１日　　【配偶者区分】夫 【父】甲野幸雄 【母】甲野松子 【続柄】長男
身分事項 出　　生	（出生事項省略）
婚　　姻	（婚姻事項省略）

戸籍に記録されている者 除　　籍	【名】啓二郎 【生年月日】平成３０年４月３日 【父】甲野義太郎 【母】甲野梅子 【続柄】長男
身分事項 出　　生	（出生事項省略）
民法８１７条の２	【民法８１７条の２による裁判確定日】平成３５年２月１２日 【届出日】平成３５年２月１３日 【届出人】父母 【従前戸籍】名古屋市中区三の丸四丁目３番地　甲野啓二郎
特別養子離縁	【特別養子離縁の裁判確定日】平成３６年１０月１３日 【届出日】平成３６年１０月１４日 【届出人】村田明子 【入籍戸籍】名古屋市中区三の丸四丁目３番地　村田明子
	以下余白

発行番号０００００００

10 性別の取扱いの変更による場合（戸二〇条の四）

性別の取扱いの変更の審判があった場合において、当該性別の取扱いの変更の審判を受けた者の戸籍に記載されている者（その戸籍から除かれた者を含みます。）が他にあるときは、当該性別の取扱いの変更の審判を受けた者は除籍されます（平一六・六・二三民一第一八一三通達2(1)）。

性別の取扱いの変更による戸籍の変動については、「第二章第一　新戸籍の編製 **12**」を参照してください。

11 死亡、失踪の宣告又は国籍を失った場合（戸二三条後段）

① 死亡の場合（戸八六条以下）

すべての日本国民は、出生によって権利能力を取得し（民三条一項）、死亡によってのみ権利能力は消滅します。したがって、戸籍法上における出生の届出は、人の権利能力の始まりを記載するものであり、これに対して死亡の届出は、人の権利能力の終わりを記載するものです。

死亡の届出があると、死亡者の身分事項欄に死亡の記載がされ（戸規三五条六号）、直ちに除籍されます。

② 失踪宣告を受けた場合（民三〇条、三一条）

ある人が住所又は居所を去って、生死不明の状態が続いた場合、不在者の生死が七年間明らかでないときは、家族など利害関係人が家庭裁判所に申し出ることにより、失踪の宣告を受けることができます（民三〇条一項）。

また、戦地に臨んだ者、沈没した船に乗っていた者その他死亡の原因となるべき危難に遭遇した者の生死が、それぞれ、戦争が止んだ後、船が沈没した後又はその他の危難が去った後、一年間生死が明らかでないときは、同様に失踪の宣告を受けることができます（民三〇条二項）。

失踪宣告を受けた者は、七年の期間が満了した時あるいは危難が去った時に、それぞれ死亡したものとみなされます（民三一条）。

死亡したものとみなされることから相続が開始し、また残された配偶者は再婚することもできるようになります。

家庭裁判所において失踪宣告の審判が確定しますと失踪宣告の届出（戸九四条、戸六三条一項）によって失踪宣告を受けた者の身分事項欄にその旨が記載され（戸規三五条六号）、直ちに除籍されます。

③　国籍を失った場合（国一一条、一三条、一五条三項、一六条二項～五項、一八条、国規三条、四条、戸一〇三条、一〇五条）

戸籍は、日本国民の親族的身分関係を登録し、これを公証するものなので、戸籍に記載される者は、日本国籍を有する者に限られます。国籍を喪失した者は、その身分事項欄にその旨が記載され、直ちに除籍されます（戸規三五条一一号）。

日本国籍を失う事由としては、自己の志望によって外国の国籍を取得したとき（国一一条）、外国の国籍を有する日本国民が、日本国籍を離脱する旨を法務大臣に届け出たとき（国一三条）、等があります。

12　分籍の場合（戸二一条一項、一〇〇条、一〇一条）

分籍による戸籍の変動は、「第二章第一　新戸籍の編製　**13**」を参照してください。

（1の1）　全部事項証明

本　　籍 氏　　名	京都市上京区小山初音町２０番地 杉田　忍
戸籍事項 　戸籍編製	（編製事項省略）
戸籍に記録されている者 除　　籍	【名】忍 【生年月日】昭和４０年７月６日 【父】杉田和男 【母】杉田孝子 【続柄】長男
身分事項 　出　　生	（出生事項省略）
婚　　姻	（婚姻事項省略）
死　　亡	【死亡日】平成２５年１月９日 【死亡時分】午後８時３０分 【死亡地】京都市上京区 【届出日】平成２５年１月１０日 【届出人】親族　杉田幸子
戸籍に記録されている者	【名】幸子 【生年月日】平成２年８月８日 【父】杉田忍 【母】杉田良子 【続柄】長女
身分事項	（身分事項省略）
	以下余白

発行番号０００００

（1の1）　全部事項証明

本　　籍 氏　　名	京都市上京区小山初音町１５番地 太田　幸作
戸籍事項 　戸籍編製	 （編製事項省略）
戸籍に記録されている者 除　　籍	【名】幸作 【生年月日】昭和１０年４月８日 【父】太田幸治 【母】太田信子 【続柄】長男
身分事項 　出　　生	 （出生事項省略）
婚　　姻	（婚姻事項省略）
失踪宣告	【死亡とみなされる日】平成２４年３月１０日 【失踪宣告の裁判確定日】平成２６年８月５日 【届出日】平成２６年８月７日 【届出人】親族　太田幸江
戸籍に記録されている者	【名】幸江 【生年月日】昭和１５年７月６日 【父】千葉太郎 【母】千葉夏子 【続柄】長女
身分事項 　出　　生	 （出生事項省略）
婚　　姻	（婚姻事項省略）
配偶者の失踪宣告	【配偶者の死亡とみなされる日】平成２４年３月１０日
	以下余白

発行番号０００００００

（1の1）　全部事項証明

本　　籍 氏　　名	京都市上京区小山初音町２７番地 村瀬　秀一
戸籍事項 　戸籍編製	（編製事項省略）
戸籍に記録されている者	【名】秀一 【生年月日】昭和１０年４月８日 【父】村瀬勇一 【母】村瀬サト 【続柄】長男
身分事項	（身分事項省略）
戸籍に記録されている者 除　　籍	【名】幸子 【生年月日】昭和４５年７月６日 【父】村瀬秀一 【母】村瀬貞子 【続柄】長女
身分事項 　出　　生	（出生事項省略）
国籍喪失	【国籍喪失日】平成２４年５月７日 【喪失事由】アメリカ合衆国の国籍取得 【届出日】平成２４年５月２７日 【届出人】親族　村瀬秀一
	以下余白

発行番号０００００

第3章　改製原戸籍、戸籍の再製とは

第一　改製原戸籍とは

ここでは改製原戸籍とは何かを知る上で大切な戸籍の歴史についてみていきましょう。

我が国において、全国で統一された戸籍様式が初めて定められたのは、明治四年四月四日の太政官布告第一七〇号戸籍法でした。

実際に実施されたのは翌年、明治五年からなので、実施の年を基準に『明治五年式戸籍』と呼ばれています。また、この年の干支が壬申であったことから干支にちなんで『壬申（じんしん）戸籍』とも呼ばれております。

それから現在まで戸籍制度は、幾多の変遷を経て、一四〇年余の間、連綿と継続してきております。戸籍は、日本国民の出生・死亡・婚姻・離婚・養子縁組等の重要な身分関係を登録・公証する唯一の公文書として世界に類をみない制度といわれる所以です。

戸籍制度は、社会の変遷や時代が求める要請によって戸籍の様式等が変更されてきました。戸籍の様式や記載内容及び記載例等が変更されますと、変更前の旧様式、旧記載内容及び旧記載例は、原則として閉鎖され、新しい様式等に沿った戸籍が改めて編製されます。このような旧の様式、旧の記載内容は、改製前の戸籍ということになりますので、改製の原（もと）になった戸籍ということで改製原戸籍と呼ばれております。

最初に定められた明治五年式戸籍は、その後、「明治一九年式戸籍」に改製され改製原戸籍になりました。そして明治一九年式戸籍は、「明治三一年式戸籍」に改製され、さらに明治三一年式戸籍は、「大正四年式戸籍」に、大正四年式戸籍は、現行戸籍法の「昭和二三年式戸籍」に改製され、改製前の戸籍は、それぞれ改製原戸籍となりました。

昭和二三年式戸籍は、現在施行されている戸籍ですが、平成六年法律第六七号で戸籍法の一部が改正され、戸籍は、磁気ディスク（これに準ずる方法により一定の事項を確実に記録することができる物を含む。以下同じ。）に記録し、調製することができるようになりました。これが戸籍のコンピュータ化です。

コンピュータシステムによって戸籍が調製されますと、現行の紙戸籍は、コンピュータシステムによって調製された戸籍の改製原戸籍となります。

それでは、各戸籍についてそれぞれ詳しくみていきましょう。

なお、現在施行されている民法を根拠として相続登記をする場合、不動産登記の実務では、被相続人について、一三歳ぐらいまで戸籍を遡って相続人を確定する取扱いですので、明治五年式及び同一九年式戸籍の説明は省略します。

一　明治三一年式戸籍

明治三一年になりますと明治三一年法律第九号をもって民法（旧民法）第四編、第五編が制定されました。そして新たに戸籍法が民法の手続的附属法として同年法律第一二号をもって制定施行され、戸籍の様式が定められました。

この明治三一年式戸籍法の施行によって明治一九年式戸籍の様式が改製されたことにより、明治一九年式戸籍は改製原戸籍となりました。しかし、資源や人員不足のため従前のものを直ちに改製することができず、随時に市町村長の上申に基づいて改製されました。

なお、明治一九年式戸籍の改製には時間がかかり、明治三一年式戸籍に改製されたものと次の改正である大正四年式戸籍に改製されたものがありますが、最終的には昭和二二年一一月一三日司法省訓令第四号をもって、同年一二月三一日までに改製は、完了しました。

改製後の新戸籍（明治三十一年式戸籍）

本籍地	東京市麻布区一本松町三番地
前戸主	川上吉次

明治四拾五年参月五日司法大臣ノ許可ヲ得テ改製㊞

戸主	
前戸主トノ續柄	川上吉次長男
父	亡川上吉次
母	ウメ
（続柄）	長男
（氏名）	川上吉男
出生	明治弐拾年五月六日
戸主ト為リタル原因及ヒ年月日	父吉次死亡ニ因リ明治四拾弐年六月八日戸主ト為ル同月拾九日届出同日受附

※　裏面三人記載、次葉紙表裏とも三人記載

二　大正四年式戸籍による明治三一年式戸籍の改製

大正三年になりますと、大正三年法律第二六号をもって戸籍法が改正されました。そして、同年司法省令第七号をもって戸籍法施行細則が制定施行されたことによって新たに戸籍の様式が定められ、翌四年から施行されたことから大正四年式戸籍と呼ばれています。

大正四年式戸籍の施行により、明治三一年式戸籍は改製されるのですが、同戸籍は、大正四年式戸籍として効力を認められましたので直ちに改製する必要はありませんでした（大正三年戸籍法一八四条一項）。

プロローグにある佐藤太郎さんの死亡により発生した相続の事例（四頁）もそうですが、大正四年式戸籍（改製原戸籍）は、多くの相続において相続人確定のために必要になります。

改製後の新戸籍（大正四年式戸籍）

本籍	東京市麻布区麻布一本松町三番地
前戸主	川上吉次

明治四拾弐年六月八日前戸主川上吉次死亡ニ因リ家督相続届出
同日受附㊞
司法大臣ノ命ニ依リ昭和拾四年参月壱日本戸籍ヲ改製ス㊞

戸主	
前戸主トノ續柄	川上吉次長男
父	川上吉次
母	ウメ
續柄	長男
氏名	川上吉男
出生	明治弐拾年五月六日

※　裏面二人記載、次葉紙表裏とも二人記載

三　昭和二三年式戸籍（現行戸籍法）による大正四年式戸籍の改製

昭和二二年一二月二二日法律第二二二号によって民法が全面改正され、家制度（注）が廃止されました。それに伴い戸籍法も改正され、昭和二三年一月一日から昭和二三年式戸籍法が施行されました。この改正法の施行により、戸籍の様式は改製されるのですが、家制度の廃止により戸主を中心とする家単位の戸籍から、夫婦及びこれと氏を同じくする子ごとに戸製を編製（戸六条本文）するという大改製作業が必要とされたこと、加えて終戦直後の社会の混乱の中で、多くの費用と労力を要する作業は困難なことから、その実施は一〇年後に延期されました（戸附則三条一項）。

そして、一〇年を経過した昭和三三年四月一日から「昭和三二年法務省令第二七号」に基づいて全国の市区町村において改製作業が始まり、この改製により、大正四年式戸籍は改製原戸籍になりました。

（注）家制度とは、昭和二二年法律第二二二号によって廃止される前の旧民法によって定められたもので、戸籍は家を表わし、戸主を中心とした家族の繋がりを公証した制度です。詳しくは、「第四章第一　紙媒体の時代」を参照してください。

改製原戸籍（大正四年式戸籍）

改製原戸籍

本籍　東京市本所区向島押上町五〇〇番地

明治参拾五年八月七日出生届出同日受附㊞

大正拾弐年五月参日前戸主雄一郎死亡ニ因リ家督相続届出同月拾九日受附㊞

海野サキト婚姻届出昭和弐年拾月拾日受附㊞

①
昭和参拾弐年法務省令第二十七号により昭和参拾六年七月壱日本戸籍改製㊞

②
昭和参拾弐年法務省令第二十七号により昭和参拾八年九月拾五日あらたに戸籍を編製したため本戸籍消除㊞

前戸主　山川雄一郎

戸主

前戸主ト ノ續柄　亡山川雄一郎　長男

父　亡山川雄一郎

母　キク

山川亮介

出生　明治参拾五年八月七日

（婚姻事項省略）
昭和弐拾参年九月拾日午後七時参拾五分本籍で死亡同居の親族
山川亮介届出同月拾壱日受附除籍㊞

父	亡山野軍治
母	亡　タケ
	二女
母	キク
出生	明治拾参年五月八日

東京市小石川区音羽町五丁目七番地戸主海野正長女昭和弐年拾
月拾日山川亮介ト婚姻届出同日入籍㊞

父	海野　正
母	トメ
	長女
妻	サキ
出生	明治参拾七年八月七日

（出生事項省略）

長男

父　山川亮介

母　サキ

長男

亮一

出生　昭和五年参月弐拾五日

父

母

出生

改製後の戸籍（現行戸籍）

本籍	東京都本所区向島押上町五〇〇番地 （朱 墨田）
氏名	山川亮介

昭和参拾弐年法務省令第二十七号により昭和参拾六年七月一日改製につき昭和参拾八年九月拾五日本戸籍編製㊞

明治参拾五年八月七日出生届出同日受附㊞

海野サキと婚姻届出昭和弐年拾月拾日受附㊞

父	山川雄一郎
母	キク
	長男
夫	亮介
出生	明治参拾五年八月七日

昭和弐年拾月拾日山川亮介と婚姻届出東京市小石川区音羽町五丁目七
番地海野正戸籍より同日入籍㊞

父　海野　正
母　トメ
長女

妻　サキ

出生　明治参拾七年八月七日

（出生事項省略）

父　山川亮介
母　サキ
長男

亮一

出生　昭和五年参月弐拾五日

本例の改製原戸籍には、改製事項が二つ〔❶及び❷〕記載されています。

❶の記載は、簡易改製といわれるものです。

例にある戸籍では、前戸主・雄一郎の記載と母・キク及び戸主欄が記載されており、現行戸籍法が定める戸籍の編製基準である「一の夫婦及びこれと氏を同じくする子ごとに編製する」（戸六条本文、一四条）という要件を満たしていないので、改製する必要があります。しかし、母・キクは、既に死亡を原因として除籍されており、戸籍に在籍する者は、夫婦とこれと氏を同じくする子・亮一だけであり、大正四年式戸籍の様式ではあるものの、現行戸籍法が求める実質的な要件を備えていることになります。このような場合は、あえて現行戸籍に編製替えしなくても❶の記載をすることによって現行戸籍に適合するものとして取扱われました（改製省令二七号、四条一項）。つまりこの、❶の記載をすることによって改製済の効力を発生させたのです。これが『簡易改製』といわれるものです。

戸籍の改製があれば旧戸籍（この場合大正四年式戸籍）は、改製原戸籍になりますが、この時点では改製原戸籍とはなりません。

このような戸籍は、現行戸籍法が求める実質的な編製基準を満たしてはいますが、戸籍の様式は旧様式のままですので、後日これを名実ともに現行戸籍の様式に編製替えすることが認められました（前掲省令四条二項）。❷の記載をすることによって、大正四年式戸籍は、改製原戸籍となりました。

四　平成六年法律第六七号電子情報処理組織による戸籍事務の取扱いに関する特例による昭和二三年式戸籍の改製

この法律によって戸籍のコンピュータ化が始まりました。

戸籍をコンピュータ化する場合、現行の紙戸籍を磁気ディスクをもって調製した戸籍に改製しなくてはなりません（平成六年法務省令五一号戸規附則二条一項）。この改製は、紙戸籍に記載されている事項を磁気ディスクをもって調製する戸籍に移記して行うことになりますが、移記に当たっては、紙戸籍において除籍されている者は移記されませんので注意が必要です（ただし、筆頭者は除籍されていても移記しなくてはなりません。）。

戸籍がコンピュータ化されますと紙戸籍は改製原戸籍となります。

改製原戸籍

平成六年法務省令第五一号附則第二条第一項による改製につき平成弐拾九年三月四日消除㊞

本籍	東京都千代田区平河町二丁目三番地
氏名	森下　忍

平成五年八月八日編製㊞

（出生事項省略）

平成五年八月八日山川英子と婚姻届出東京都千代田区平河町二丁目三番地森下一郎戸籍から入籍㊞

父	森下一郎
母	キク
長男	
夫	忍
出生	昭和四拾年弐月五日

（出生事項省略）

平成五年八月八日森下忍と婚姻届出京都市上京区小山初音町五十三番
地山川正戸籍から入籍㊞

父	山川　正
母	道子
	長女
妻	英子
生出	昭和四拾五年四月五日

（出生事項省略）

平成弐拾八年拾壱月拾壱日森田和男と婚姻届出同月拾参日東京都北区
長から送付同区赤羽一丁目八番地に夫の氏の新戸籍編製につき除籍㊞

父	森下　忍
母	英子
	長女
	正江
生出	平成六年八月七日

改製後の戸籍には
移記されない。

改製後の戸籍（現行戸籍）

（1の1）　全部事項証明

本　　　籍 氏　　　名	東京都千代田区平河町二丁目３番地 森下　忍
戸籍事項 　戸籍改製	【改製日】平成２９年３月４日 【改製事由】平成６年法務省令第５１号附則第２条第１項 　による改製
戸籍に記録されている者	【名】忍 【生年月日】昭和４０年２月５日　　【配偶者区分】夫 【父】森下一郎 【母】森下キク 【続柄】長男
身分事項 　出　　生	（出生事項省略）
婚　　姻	【婚姻日】平成５年８月８日 【配偶者氏名】山川英子 【従前戸籍】東京都千代田区平河町二丁目３番地　森下一 　郎
戸籍に記録されている者	【名】英子 【生年月日】昭和４５年４月５日　　【配偶者区分】妻 【父】山川正 【母】山川道子 【続柄】長女
身分事項 　出　　生	（出生事項省略）
婚　　姻	【婚姻日】平成５年８月８日 【配偶者氏名】森下忍 【従前戸籍】京都市上京区小山初音町５３番地　山川正
	以下余白

発行番号０００００００

第二　戸籍の再製とは

一　戸籍、除籍及び改製原戸籍が滅失した場合の再製

市区町村において保管する戸（除）籍等の全部又は一部が、火災、水害、虫害、盗難、紛失等の原因により滅失した場合は、これを滅失前の戸（除）籍等に回復しなくてはなりません（戸一一条、一二条二項、戸規九条一項・二項）。これを「戸籍の再製」といいます。

再製するに当たり、資料となるのは、まず管轄法務局が保管する戸籍副本（市区町村にある戸籍の控え）があります。また、他にも戸籍届書類、戸籍見出帳（戸規六条）及び戸籍受附帳（戸規二一条）等も滅失戸籍を再製する際には重要な資料となります。

そして再製した戸籍の原となった戸籍を「再製原戸籍」といいます。

平成二三年三月一一日に発生した東日本大震災とその後の大津波によって宮城県南三陸町、女川町、岩手県陸前高田市及び大槌町の役場が甚大な被害を受け、戸（除）籍等の正本が滅失してしまいました。これら四市町においては、それぞれを管轄する法務局が保存していた戸籍の副本によって戸籍を再製することができました。

以後東日本大震災を教訓にして、戸籍の正本と副本の同時滅失の防止、戸籍の迅速な再製、管轄法務局における適性な管理、市区町村の負担軽減等を目的として、戸籍副本データ管理システムを構築し、大規

模かつ広域な災害時に戸籍制度が混乱することを可能な限り防止するために、戸籍法施行規則の一部を改正する省令（平成二五年法務省令第一号）が本年一月二五日に公布され、本年三月一日に一部が施行されました。

例えば現行の戸（除）籍が火災により滅失したために再製した場合の記載は、戸籍事項欄に「平成弐拾参年参月拾壱日火災のため滅失につき同年四月弐拾五日再製㊞」と記載されます。コンピュータシステムでは、

戸籍再製	【再製日】平成２３年４月２５日 【再製事由】平成２３年３月１１日火災のため滅失

と記録されます。

滅失の年月日及び事由が明らかでない場合は、やはり戸籍事項欄に「平成弐拾五年参月参拾日滅失発見につき同年七月拾五日再製㊞」と記載されます。コンピュータシステムでは、

戸籍再製	【再製日】平成２５年７月１５日 【再製事由】平成２５年３月３０日滅失発見

と記録されます。

再製後の戸（除）籍は、原則として従前の戸（除）籍どおりに回復又は移記されます。再製された戸（除）籍は、その再製日に新たに編製された戸（除）籍ですが、従前の戸（除）籍がそのまま回復又は移記

されており、戸（除）籍の始まりは、従前戸（除）籍の編製日となります。
なお、この場合、原戸籍が滅失しているため、再製原戸籍はありません。

二　戸籍、除籍及び改製原戸籍が滅失のおそれがある場合の再製

戸（除）籍等の全部又は一部が、文字の擦れや紙の汚損等によって、そのままにしておくと判読できなくなるおそれがある場合は、再製しなくてはなりません（戸一一条、一二条二項、戸規九条三項）。

再製した場合の記載は、戸籍事項欄に「平成弐拾五年六月壱日再製㊞」と、そして、滅失のおそれがある戸（除）籍には、「平成弐拾五年六月壱日再製につき消除㊞」と記載します。これは、再製原戸（除）籍になります。コンピュータシステムでは、

戸籍再製	【再製日】平成２５年６月１日
戸籍消除	【消除日】平成２５年６月１日 【特記事項】再製につき消除

と記録されます。

三　虚偽の届出等により戸籍の記載がされ、その記載が戸籍訂正によって訂正された戸籍について、申出により再製する場合

虚偽の届出等によって不実の記載がされ、かつ、その記載が訂正された戸籍等について、戸籍における

身分関係の登録及び公証の機能をより十分なものとするとともに、不実の記載等の痕跡のない戸籍の再製を求める国民の要請にこたえるため、申出による戸籍の再製制度が創設されました（戸一一四条二項、一一三条、一一四条、一一六条、一一条の二、戸規一〇条）。

除　　籍	（2の1）　全部事項証明
本　　籍 氏　　名	東京都北区赤羽二丁目１５番地 木場　公一
戸籍事項 戸籍消除	（編製事項省略） 【消除日】平成２５年１０月３０日 【特記事項】戸籍法第１１条の２第１項の規定による再製につき消除
戸籍に記録されている者 除　　籍	【名】公一 【生年月日】昭和４０年２月５日　　【配偶者区分】夫 【父】木場一郎 【母】木場明美 【続柄】長男
身分事項 出　　生	（出生事項省略）
婚　　姻	【婚姻日】平成２５年１０月１０日 【配偶者氏名】山本恵
消　　除	【消除日】平成２５年１０月３０日 【消除事項】婚姻事項 【消除事由】妻山本恵との婚姻無効の裁判確定 【裁判確定日】平成２５年１０月２５日 【申請日】平成２５年１０月３０日 【申請人】妻 【従前の記録】 【婚姻日】平成２５年１０月１０日 【配偶者氏名】山本恵
	以下余白

発行番号０００００００

再製後の戸籍

（1の1）　全部事項証明

本　　籍 氏　　名	東京都北区赤羽二丁目１５番地 木場　公一
戸籍事項 戸籍再製	【再製日】平成２５年１０月３０日 【再製事由】戸籍法第１１条の２第１項
戸籍に記録されている者	【名】公一 【生年月日】昭和４０年２月５日 【父】木場一郎 【母】木場明美 【続柄】長男
身分事項 出　　生	(出生事項省略)
	以下余白

発行番号０００００００

四　成年後見及び保佐に関する事項（従来の禁治産宣告又は準禁治産宣告の記載）の記載がある戸籍が、後見登録等ファイルに記録されたことにより再製する場合

民法の一部を改正する法律（平成一一年法律第一四九号）及び任意後見契約に関する法律（平成一一年法律第一五〇号）により、禁治産制度・準禁治産制度が後見制度・保佐制度に改められ、新たに補助制度及び任意後見制度が創設されたことに伴い、取引の安全の要請と本人のプライバシー保護の要請との調和を図る観点から、禁治産宣告・準禁治産宣告の戸籍記載に代わる新たな公示方法として、後見登記法により成年後見登記制度が創設されました。

法改正前の禁治産者（判断能力が欠けている者）及び準禁治産者（判断能力が著しく不十分な者及び浪費者）については、これらの者の配偶者及び四親等内の親族は、後見登記所に後見・保佐の登記を申請することができます（後見登記法附則二条一項・二項）。

成年被後見人とみなされる者又は被保佐人とみなされる者について、後見又は保佐の登記がされ、登記官から当該者の戸籍事務を管掌する市区町村長に対しその旨の通知がされた場合には、当該市区町村長は、当該者の戸籍から禁治産又は準禁治産に関する事項を消除するため新戸籍を再製することとされました（後見登記法附則二条、戸規附則四条）。

禁治産宣告の事項が記載された戸籍

除　　籍	（1の1）　全 部 事 項 証 明
本　　籍 氏　　名	東京都杉並区桃井二丁目１番地 内山　康男
戸籍事項 　戸籍消除	（編製事項省略） 【消除日】平成２０年６月５日 【特記事項】再製につき消除
戸籍に記録されている者 除　　籍	【名】康男 【生年月日】昭和４０年３月１０日 【父】内山信男 【母】内山ミエ 【続柄】長男
身分事項 　出　　生	（出生事項省略）
禁治産宣告	【禁治産宣告の裁判確定日】平成１０年５月２０日 【届出日】平成１０年６月５日 【後見人氏名】内山信男 【後見人の就職日】平成１０年５月２０日
	以下余白

発行番号０００００００

再製後の戸籍

（1の1）　全部事項証明

本　　籍 氏　　名	東京都杉並区桃井二丁目１番地 内山　康男
戸籍事項 戸籍再製	（編製事項省略） 【再製日】平成２０年６月５日
戸籍に記録されている者	【名】康男 【生年月日】昭和４０年３月１０日 【父】内山信男 【母】内山ミエ 【続柄】長男
身分事項 出　　生	（出生事項省略）
	以下余白

発行番号０００００００

第４章

相続における戸籍の見方

前章までで説明してきましたように、戸籍と一言でいっても、現在戸籍、除籍（戸籍全部の除籍と戸籍に在る者の内の一人についての除籍）、明治五年式戸籍、明治一九年式戸籍、明治三一年式戸籍、大正四年式戸籍、再製戸籍、再製原戸籍さらには戸籍制度の改正や記載内容の改正によって、旧戸籍となった改製原戸籍等さまざまな戸籍があります。

プロローグにおいて説明したように、人の死亡によって相続が発生しますと、死亡した被相続人の死亡の記載のある現在戸籍（単身の戸籍にある者が死亡した場合は、戸籍全部の除籍となります。）から被相続人が出生によって入籍した戸籍まで遡らなくてはなりません。

人生八〇年、九〇年といわれ、一〇〇歳以上の人もまれではなくなりました。そのため、相続が発生しますと、多くの種類の戸籍、除籍、及び改製原戸籍等によって、相続人を探索し相続人を確定しなくてはなりません。

本章ではまず、明治三十一年式戸籍の見方から始め、現在のコンピュータ戸籍の見方を説明します。そして最後に「佐藤太郎」さんの戸籍を実際に遡ってみます。

第一　紙媒体の時代

一　明治三一年式戸籍

明治三一年民法（旧民法）の制定にともない「家」制度が創設され、戸籍は「家」を表わすものとなり、「家」に属する者の身分登録（家を単位に編製）を目的としたものになりました。

すなわち、「家」に入ること、あるいは「家」を去ることは、家族としての身分の得喪になりました。

「家」制度は、「戸主」を中心にして、その家族によって構成されていました。

この戸籍の大きな特徴は「戸主となりたる原因及び年月日」欄が設けられたことです。

設例の戸籍を見ますと、戸主・重太郎は、前戸主であった父・重造の死亡により、明治四四年七月六日に戸主になり、この戸籍が編製されたことが分かります。

明治三一年式戸籍

本籍地	東京府南葛飾郡隅田村隅田五百番地　除籍
前戸主	山田重造

昭和拾弐年八月七日午後九時本籍ニ於テ死亡同居者山田重男届出
同月八日受附㊞

戸主	
前戸主トノ續柄	亡山田重造長男
父	亡山田重造
母	ウメ
續柄	長男
戸主	山田重太郎
出生	明治弐拾年五月拾日
戸主ト爲リタル原因及ヒ年月日	父重造死亡ニ因リ明治四拾四年七月六日戸主ト為ル同月弐拾日届出同日受附㊞

昭和参年六月九日午後八時本籍ニ於テ死亡戸主山田重太郎届出
同月拾日受附㊞

母	
父	亡川田午松
母	亡タマ
續柄	長女
家族トノ續柄	
母	ウメ
出生	明治弐年参月参日

重太郎の母

戸主
重造の長男

重太郎の父

海野テエト婚姻届出大正四年九月五日受附㊞

弟

父　亡山田重造

母　ウメ

二男

家族トノ續柄

重次郎

出生　明治弐拾弐年四月五日

重太郎の弟

大正弐年八月参日千葉県君津郡富津町富津百五番地川本太郎妹

婚姻届出同日受附入籍㊞

昭和拾弐年八月七日夫重太郎死亡ニ因リ婚姻解消㊞

妻

父　亡川本清次

母　クマ

二女

家族トノ續柄

トヨ

出生　明治弐拾七年六月六日

重太郎の妻

本籍ニ於テ出生父山田重太郎届出大正四年参月八日受附入籍㊞

長男

父　山田重太郎

母　トヨ

長男

家族トノ續柄

重男

出生　大正四年参月五日

重太郎の息子

	長女	弟妻	姪
事項	本籍ニ於テ出生父山田重太郎届出大正六年四月八日受附入籍㊞	本府本郡本田村立石四百番地戸主海野勇吾三女大正四年九月五日山田重次郎ト婚姻届出同日入籍㊞	本籍ニ於テ出生父山田重次郎届出大正五年八月拾五日受附入籍㊞
父	山田重太郎	海野勇吾	山田重次郎
母	トヨ	カツ	テエ
続柄	長女	三女	長女
家族トノ續柄		弟重次郎妻	
名	アキ	テエ	和子
出生	大正六年四月壱日	明治弐拾五年弐月四日	大正五年八月八日
	重太郎の娘	重太郎の弟の妻（戸主にとって義妹）	重太郎の弟の娘（戸主にとって姪）

二　大正四年式戸籍

大正四年式戸籍が明治三一年式戸籍と異なる点は、「戸主となりたる原因及び年月日」欄が廃止され、その内容は、戸主の身分事項欄に記載されるようになりました。その他の各欄については大きな差異はありません。

戸主・重男は、前戸主・重太郎の死亡により昭和一二年八月二五日に家督を相続し，本戸籍を編製したことが分かります。

重太郎の妻・トヨは、長男・重男が戸主になったことから、新戸主との続柄を母と書き改められました。同様に、重太郎の弟・重次郎等についても戸主・重男との続柄に書き改められました。

大正四年式戸籍

本籍　東京市向島区向島一丁目五百番地

本籍ニ於テ出生父山田重太郎届出大正四年参月八日受附入籍㊞

昭和拾弐年八月七日前戸主重太郎死亡ニ因リ家督相続届出同月弐拾五日受附㊞

長谷川明子ト婚姻届出昭和拾六年五月拾四日受附㊞

前戸主　山田重太郎

戸主

前戸主トノ續柄　亡山田重太郎長男

父　亡山田重太郎

母　トヨ

長男

出生　大正四年参月五日

山田重男

重男の父

戸主
前戸主　重太郎の長男

大正弐年八月参日千葉県君津郡富津町富津百五番地川本太郎妹
婚姻届出同日受附入籍㊞
昭和拾弐年八月七日夫重太郎死亡ニ因リ婚姻解消㊞

母

父　亡川本清次
母　亡　クマ
二女

出生　明治弐拾七年六月六日

トヨ

本籍ニ於テ出生父山田重太郎届出大正六年四月八日受附入籍㊞
東京都城東区大島町一丁目八十五番地沢井国男ト婚姻届出昭和
拾九年八月九日城東区長○○○○受附同月拾壱日送付除籍㊞

妹

父　亡山田重太郎
母　トヨ
長女

出生　大正六年四月壱日

アキ

重男の母

重男の妹
（婚姻し除籍）

海野テヱト婚姻届出大正四年九月五日受附㊞

叔父

父　亡山田重造

母　亡ウメ

二男

重次郎

出生　明治弐拾弐年四月五日

本府本郡本田村立石四百番地戸主海野勇吾三女大正四年九月五日山田重次郎ト婚姻届出同日入籍㊞

叔父妻

父　海野勇吾

母　カツ

三女

家族トノ續柄　叔父重次郎妻

テヱ

出生　明治弐拾五年弐月四日

前主戸・父の弟・叔父

前主戸・父の弟の妻

本籍ニ於テ出生父山田重次郎届出大正五年八月拾五日受附入籍㊞

従妹

父　山田重次郎

母　テエ

長女

和子

出生　大正五年八月八日

前主戸・
父の弟の娘

栃木県下都賀郡野木村大字友沼八番地ニ於テ出生父長谷川正届出大正拾壱年四月参拾日受附入籍㊞

栃木県下都賀郡野木村大字友沼八番地戸主長谷川正長女昭和拾六年五月拾四日山田重男ト婚姻届出同日入籍㊞

妻

父　長谷川正

母　清子

長女

明子

出生　大正拾壱年四月弐拾日

重男の妻

本籍ニ於テ出生父山田重男届出昭和拾九年拾月拾弐日受附入籍㊞

長男

父　山田重男

母　明子

長男

重信

出生　昭和拾九年拾月弐日

重男の息子

本籍ニ於テ出生父山田重男届出昭和弐拾壱年八月拾五日受附入籍㊞

長女

父　山田重男

母　明子

長女

恵子

出生　昭和弐拾壱年八月五日

重男の娘

三　昭和二三年式戸籍（現行戸籍）

現行憲法が昭和二一年一一月三日に公布され、また、民法（第四編、第五編）についても昭和二二年一二月二二日法律第二二二号で全面改正されました。それにともない戸籍法も昭和二二年一二月二二日法律第二二四号で新しい戸籍法（現行戸籍法）が制定され、翌年一月一日から施行されました。この戸籍制度が現在私たちが利用しているものです。

現行戸籍法の編製基準は、夫婦・親子の単位で編製されることになっております。ただし、外国人と婚姻した者又は配偶者がない者について新たに戸籍が編製されるときは、その者及びこれと氏を同じくする子ごとに編製する（戸六条ただし書、戸一六条三項、一七条）とされております。これは、旧戸籍法が家を単位に、戸主を中心にして、その直系・傍系の親族を一つの戸籍に記載したのとは大きな違いです。この改正により明治時代から続いていた「家制度」が廃止され、戸主の記載もなくなりました。

現行戸籍法の制定にともない、昭和二二年一二月二九日司法省令第九四号で戸籍法施行規則が制定され、翌年一月一日から施行されました。これにより、現在私たちが利用する戸籍の届け出に関する手続や様式が定められました。

昭和二三年式戸籍

本籍	東京都千代田区平河町一丁目四番地（朱）十番地
氏名	甲野義太郎

1

平成四年壱月拾日編製㊞

平成五年参月六日平河町一丁目十番地に転籍届出㊞

2 **3**

昭和四拾年六月弐拾壱日東京都千代田区で出生同月弐拾五日父届出入籍㊞

平成四年壱月拾日乙野梅子と婚姻届出東京都千代田区平河町一丁目四番地甲野幸雄戸籍から入籍㊞

平成参拾参年壱月拾七日妻とともに乙川英助を養子とする縁組届出同月弐拾日大阪市北区長から送付㊞

平成参拾五年壱月七日千葉市中央区千葉港五番地丙山竹子同籍信夫を認知届出㊞

父	甲野幸雄
母	松子
続柄	長男
夫	義太郎
出生	昭和四拾年六月弐拾壱日

1

4

昭和四拾壱年壱月八日京都市上京区で出生同月拾日父届出入籍㊞
平成四年壱月拾日甲野義太郎と婚姻届出京都市上京区小山初音町十八
番地乙野梅子戸籍から入籍㊞
平成参拾参年壱月拾七日夫とともに乙川英助を養子とする縁組届出同
月弐拾日大阪市北区長から送付㊞

父	乙野忠治
母	春子
	長女
妻	梅子
生出	昭和四拾壱年壱月八日

2

5

平成四年拾壱月弐日東京都千代田区で出生同月拾日父届出入籍㊞
平成参拾弐年参月拾六日父甲野義太郎の推定相続人廃除の裁判確定同
月弐拾日父届出同月弐拾参日大阪市北区長から送付㊞
平成参拾参年参月六日丙野松子と婚姻届出同月拾日横浜市中区長から
送付同区昭和町十八番地に夫の氏の新戸籍編製につき除籍㊞

父	甲野義太郎
母	梅子
	長男
朱 朱	啓太郎
生出	平成四年拾壱月弐日

2

6

平成六年弐月拾五日東京都千代田区で出生同月拾九日父届出入籍㊞

平成拾壱年拾月七日特別養子となる縁組の裁判確定同月拾弐日養父母届出同月拾六日大阪市北区長から送付東京都千代田区平河町一丁目十番地に丙山の氏の新戸籍編製につき除籍㊞

平成拾八年拾弐月九日特別養子離縁の裁判確定同月拾五日父母届出大阪市北区老松町二丁目六番地に甲野の氏の新戸籍編製㊞

父	甲野　義太郎
母	梅子
	長女
出生	平成六年弐月拾五日
	朱　ゆり　朱

7

平成九年七月九日千葉市中央区で出生同月拾参日父届出同月拾五日同区長から送付入籍㊞

平成弐拾八年拾月参日乙原信吉と婚姻届出東京都千代田区平河町一丁目八番地乙原信吉戸籍に入籍につき除籍㊞

父	甲野　義太郎
母	梅子
	二女
出生	平成九年七月九日
	朱　みち　朱

2　**2**

郎太義　野甲　2

8

昭和六拾弐年参月拾七日横浜市中区で出生同月拾八日母届出同月弐拾日同区長から送付入籍㊞

平成拾七年参月弐拾日母の氏を称する入籍届出京都市上京区小山初音町十八番地乙野梅子戸籍から入籍㊞

平成拾八年四月拾弐日乙野忠治同人妻春子の養子となる縁組届出同月拾六日京都市上京区長から送付同区小山初音町十八番地乙野忠治戸籍に入籍につき除籍㊞

父	
母	甲野梅子
	長女
朱	英子
出生	昭和六拾弐年参月拾七日

9

平成拾八年壱月六日千葉市中央区で出生同月拾七日母届出同月弐拾日同区長から送付入籍㊞

平成弐拾四年拾弐月拾参日午後八時参拾分東京都千代田区で死亡同月拾五日親族甲野義太郎届出除籍㊞

父	甲野義太郎
母	梅子
	二男
朱	芳次郎
出生	平成拾八年壱月六日

2

10

平成弐拾四年五月壱日東京都千代田区で出生同月六日父届出入籍㊞

平成参拾参年壱月拾七日甲野義太郎同人妻梅子の養子となる縁組届出（代諾者親権者父母）同月弐拾日大阪市北区長から送付京都市上京区小山初音町二十番地乙川孝助戸籍から入籍㊞

父	乙川　孝助	長男
母	冬子	
養父	甲野　義太郎	養子
養母	梅子	
出生	平成弐拾四年五月壱日	
	英助	

甲野　義太郎

3

2

7

平成九年七月九日千葉市中央区で出生同月拾参日父届出同月拾五日同区長から送付入籍㊞

平成参拾参年七月五日夫乙原信吉と協議離婚届出同月七日横浜市中区長から送付同区本町一丁目八番地乙原信吉戸籍から入籍㊞

平成参拾参年八月弐日分籍届出東京都中央区日本橋室町一丁目一番地に新戸籍編製につき除籍㊞

父	甲野　義太郎	二女
母	梅子	
出生	平成九年七月九日	
	朱　みち　朱	

11

平成参拾四年六月壱日東京都千代田区で出生同月参日母届出同月拾日同区長から送付入籍㊞

平成参拾五年壱月七日甲野義太郎認知届出同月拾日東京都千代田区長から送付㊞

平成参拾五年壱月拾五日父の氏を称する入籍親権者母届出千葉市中央区千葉港五番地丙山竹子戸籍から入籍㊞

平成参拾五年壱月弐拾日親権者を父と定める旨父母届出㊞

父	甲野　義太郎
母	丙山　竹子
	長男
	信夫
出生	平成参拾四年六月壱日

12

平成参拾年四月参日名古屋市中区で出生同月七日母届出入籍㊞

平成参拾五年弐月拾弐日民法八百十七条の二による裁判確定同月拾五日父母届出名古屋市中区三の丸四丁目三番地甲野啓二郎戸籍から入籍㊞

父	甲野　義太郎
母	梅子
	三男
	啓二郎
出生	平成参拾年四月参日

2

戸籍の記載から分かること

1　この戸籍は、平成四年一月一〇日に甲野義太郎さんと乙野梅子さんとの婚姻によって新たに編製されたこと

・婚姻は、夫の氏を称し、新本籍地を「東京都千代田区平河町一丁目四番地」と定めたこと。

・その後、平成五年三月六日に同一区内で転籍したこと。

2　義太郎さんと梅子さんは、夫婦であること

・夫婦の間には、五人の子（男三人、女二人）がいること。

3　義太郎さんについて分かること

・義太郎さんの出生年月日、出生地、出生届の届出日及び父（甲野幸雄）が届け出たこと。

・両親との続柄は、長男であること。

・梅子さんと婚姻する前は、本籍が東京都千代田区平河町一丁目四番地の父（甲野幸雄）の戸籍に同籍していたこと。

・平成三三年一月一七日に妻とともに、乙川英助を養子とする縁組をしたこと。

・平成三五年一月七日に本籍が千葉市中央区千葉港五番地、筆頭者が丙山竹子と同籍する丙山信夫を認知したこと。

4　梅子さんについて分かること

・梅子さんの出生年月日、出生地、出生届の届出日及び父（乙野忠治）が届け出たこと。

・両親との続柄は、長女であること。

・義太郎さんと婚姻する前は、本籍が京都市上京区小山初音町十八番地の戸籍の筆頭者であったこと。
・平成三三年一月一七日夫とともに、乙川英助を養子とする縁組をしたこと。

5
啓太郎さんについて分かること
・啓太郎さんの出生年月日、出生地、出生届の届出日及び父（甲野義太郎）が本籍地で届け出たこと。
・両親との続柄は、長男であること。
・平成三二年三月一六日に父甲野義太郎の推定相続人廃除の裁判が確定し、その旨を三月二〇日大阪市北区長に父が届け出ていること

▼ 啓太郎さんは、義太郎さんの長男ですので義太郎さんが死亡し相続が発生した場合、啓太郎さんも相続人の一人になり得るのですが、啓太郎さんが被相続人（父・義太郎）に対して虐待をしたり若しくは被相続人に対して重大な侮辱を加えたとき、又は推定相続人・啓太郎に著しい非行があったときは、被相続人は、その推定相続人の廃除を家庭裁判所に請求することができます（民八九二条）。また、推定相続人の廃除は、遺言ですることもできます（民八九三条）。
家庭裁判所において相続人の廃除が確定した場合は、相続人としての資格を失います。

・平成三三年三月六日に丙野松子と婚姻し、夫の氏を称して横浜市中区昭和町十八番地に新戸籍が編製され、除籍になっていること。

6
ゆりさんについて分かること
・ゆりさんの出生年月日、出生地、出生届の届出日及び父（甲野義太郎）が本籍地で届け出たこと。
・両親との続柄は、長女であること。

・平成一一年一〇月七日（満五歳のとき）に特別養子となる縁組の裁判が確定し、同月一二日に養父母が届け出て、東京都千代田区平河町一丁目十番地に丙山の氏で新戸籍が編製され、除籍になっていること。

▼ゆりさんは、平成一一年一〇月七日に特別養子となる縁組の裁判が確定しましたが、この場合、直接養父母の戸籍に入るのではなく、一旦、養父母の氏で新戸籍が編製され（戸二〇条の三第一項）、同日、養父母の戸籍に入ります（昭和六二年一〇月一日民二第五〇〇〇号通達第六、一(2)ア(ア)）。特別養子縁組における戸籍の変動については⑫「啓二郎さんについて分かること」を参照してください。

特別養子縁組成立後は、特別養子と実親及び実方血族との親族関係は終了します（民八一七条の九）。したがって、特別養子縁組が成立すると、たとえば実父・義太郎が死亡しても、ゆりさんは義太郎の相続人にはなりません。

・平成一八年一二月九日特別養子離縁の裁判が確定し、同月一五日に父母（甲野義太郎・梅子）が届け出て、大阪市北区老松町二丁目六番地に甲野の氏で新戸籍が編製されていること。

▼特別養子縁組の離縁は、養子の利益のため特に必要があると認めるときに家庭裁判所は、離縁させることができます（民八一七条の一〇）。

7 みちさんについて分かること

・みちさんの出生年月日、出生地、出生届の届出日及び父（甲野義太郎）が出生地で届け出たこと。

・両親との続柄は、二女であること。

・平成二八年一〇月三日に乙原信吉（戸籍筆頭者）と婚姻し同人の戸籍に入籍し、除籍になっていること。

・平成三三年七月五日に夫乙原信吉と協議離婚し、実父母の戸籍に戻った後、平成三三年八月二日に分籍し、中央区日本橋室町一丁目一番地に新戸籍が編製され除籍となっていること。

8

英子さんについて分かること

・英子さんの出生年月日、出生地、出生届の届出日及び母（乙野梅子）が出生地で届け出たこと。

・嫡出でない子として母の戸籍（甲野義太郎と婚姻する前の乙野梅子の戸籍）に入籍していたこと。

▼ 嫡出でない子の出生の届出がされた場合、嫡出でない子の続柄の記載については、父の認知の有無にかかわらず、母との関係のみによって認定し、母が分娩した嫡出でない子の出生の順によって、届書及び戸籍の父母との続柄欄に「長男（長女）」「二男（二女）」等と記載します。

既に戸籍に記載されている嫡出でない子について、その父母との続柄である「男（女）」の記載を「長男（長女）」、「二男（二女）」等の記載に更正する申し出があった場合には、市区町村長限りで更正することになりました（平一六・一一・一民一第三〇〇八号通達）。

・平成一七年三月二〇日に母の氏を称する入籍届によって、母梅子の婚姻前の戸籍から婚姻後の戸籍に入籍していること。

・平成一八年四月一二日に乙野忠治同人妻春子（英子の祖父母）の養子となる縁組の届出により、本籍が京都市上京区小山初音町十八番地、筆頭者乙野忠治の戸籍に入籍し、除籍となっていること。

9

芳次郎さんについて分かること

・芳次郎さんの出生年月日、出生地、出生届の届出日及び母（甲野梅子）が出生地で届け出たこと。

・母親との続柄は、二男であること。

・平成二四年一二月一三日午後八時三〇分に東京都千代田区で死亡（六歳）し、同月一五日に親族甲野義太郎が死亡の届出をし、除籍になっていること。

10

英助さんについて分かること

・英助さんの出生年月日、出生地、出生届の届出日及び父（乙川孝助）が届け出たこと。
・両親との続柄は、長男であること。
・平成三三年一月一七日に甲野義太郎同人妻梅子の養子となる縁組の届出（代諾者は親権者である父母）によって、実父母である乙川孝助戸籍から入籍していること。

▼　養父母が死亡した場合、英助さんも相続人になります。

11

信夫さんについて分かること

・信夫さんの出生年月日、出生地、出生届の届出日及び母（丙山竹子）が出生地で届け出たこと。
・嫡出でない子として母の戸籍に入籍していたこと。
・平成三五年一月七日に父甲野義太郎から認知されたこと。
・平成三五年一月一五日に父の氏を称する入籍届を親権者である母が届け出て、母の本籍である千葉市中央区千葉港五番地、筆頭者丙山竹子の戸籍から入籍したこと。
・平成三五年一月二〇日に親権者を父（甲野義太郎）と定めて父母が届け出たこと。
・嫡出でない子の続柄の記載については、英子さんと同様です。

12

啓二郎さんについて分かること

・啓二郎さんの出生年月日、出生地、出生届の届出日及び母が本籍地で届け出たこと。

▼ なお、啓二郎さんは、甲野義太郎同人妻梅子と特別養子縁組をして、この戸籍に入籍したので、ここでは母の氏名は分かりません。

▼ ・平成三五年二月一二日に民法第八一七条の二（特別養子縁組の成立）による裁判が確定し、同月一五日に父母（甲野義太郎・梅子）が届出し、本籍が名古屋市中区三の丸四丁目三番地、筆頭者甲野啓二郎戸籍から入籍したこと。

▼ 夫婦が戸籍を異にする者と特別養子縁組をした場合の戸籍の変動は、次のとおりです。

特別養子の従前戸籍（出生により入籍した母の戸籍）

本籍	名古屋市中区三の丸四丁目三番地
氏名	村田明子

平成参拾年四月七日編製㊞

（出生事項省略）

子の出生届出平成参拾年四月七日東京都杉並区桃井二丁目八番地村田治戸籍から入籍㊞

父	村田治
母	良子
	三女
（名）	明子
出生	平成弐年五月四日

平成参拾年四月参日名古屋市中区で出生同月七日母届出入籍㊞
平成参拾五年弐月拾弐日特別養子となる縁組の裁判確定同月拾参日養父母届出同月拾五日東京都千代田区長から送付名古屋市中区三の丸四丁目三番地に甲野の氏の新戸籍編製につき除籍㊞

父	
母	村田明子
長男	
名	啓二郎
生出	平成参拾年四月参日
父	
母	
生出	

※　啓二郎の出生届により、実母の明子について新戸籍を編製し、その戸籍に啓二郎は入籍します。

特別養子の新戸籍（養親の戸籍に入籍する直前の単身戸籍）

本籍	名古屋市中区三の丸四丁目三番地
氏名	甲野　啓二郎

平成参拾五年弐月拾五日編製㊞

平成参拾五年弐月拾五日消除㊞

平成参拾年四月参日名古屋市中区で出生同月七日母届出入籍㊞

平成参拾五年弐月拾弐日甲野義太郎同人妻梅子の特別養子となる縁組の裁判確定同月拾参日父母届出同月拾五日東京都千代田区長から送付名古屋市中区三の丸四丁目三番地村田明子戸籍から入籍東京都千代田区平河町一丁目十番地甲野義太郎戸籍に入籍につき除籍㊞

父	
母	村田明子
	長男

名	啓二郎
出生	平成参拾年四月参日

※　特別養子啓二郎について、養父母の氏で新戸籍を編製します。

養親（実父母）の戸籍

本籍	東京都千代田区平河町一丁目十番地
氏名	甲野　義太郎

（編製事項省略）

（出生事項省略）

（婚姻事項省略）

父	甲野幸雄
母	松子
	長男
夫	義太郎
出生	昭和四拾年六月弐拾壱日

（出生事項省略）

（婚姻事項省略）

父	乙野忠治
母	春子
続柄	長女
妻	梅子
出生	昭和四拾壱年壱月八日

平成参拾年四月参日名古屋市中区で出生同月七日母届出入籍㊞

平成参拾五年弐月拾弐日民法八百十七条の二による裁判確定同月拾参日父母届出名古屋市中区三の丸四丁目三番地甲野啓二郎戸籍から入籍㊞

父	甲野義太郎
母	梅子
続柄	長男
	啓二郎
出生	平成参拾年四月参日

※　出生事項は、出生届出当時のものが移記されます。この場合の母は、出生当時の母・村田明子です。縁組事項は、養子の身分事項欄のみに記載し、養父母の身分事項欄には記載しません（昭和六二・一〇・一民二・五〇〇〇号通達）。

▼啓二郎は、母からの出生の届出により実母（村田明子）の戸籍に入籍します。特別養子縁組が成立しますと縁組の届出によって、実母の本籍地と同じ本籍地に養親の氏で単独の新戸籍を編製します。この新戸籍から、直ちに養父母の戸籍に入籍することになります（戸一八条三項）。

特別養子縁組は、父母による養子となる者の監護が著しく困難又は不適当であること、その他特別の事情がある場合において、子の利益のため特に必要であると認めるときに、家庭裁判所においてこれを成立させるものです（民八一七条の二、八一七条の七）。

特別養子縁組によって養子と実方の父母及びその血族との親族関係は、婚姻障害を除いて終了します（民八一七条の九、七三五条）。したがって実方親族との扶養（民八七七条等）、相続（民八八七条等）という重要な法律効果は消滅します。

このように戸籍の連続性は、ここでも貫かれているのです。

第二　コンピュータ媒体の時代

一　戸籍事務のコンピュータシステムによる処理

紙の戸籍は、汚損や滅失のおそれがあり、また、事務効率の点から、平成六年六月二九日法律第六七号をもって「戸籍法及び住民基本台帳法の一部を改正する法律」が公布され、同年一二月一日から施行されたことにより、従来、用紙によって調製されていた戸籍は、電子情報処理組織によって磁気ディスクに記録して調製してよいことになりました（戸一一八条、一一九条）。この戸籍の磁気ディスク化が、戸籍のコンピュータ化といわれるものです。コンピュータ化は、戸籍事務の迅速かつ正確な処理の要請に基づいて行われたものです。

戸籍をコンピュータ化している市区町村で発行する証明書は、次のとおりです。

コンピュータ媒体	紙　媒　体
戸籍の全部事項証明書 戸籍の個人事項証明書 戸籍の一部事項証明書 除かれた戸籍の全部事項証明書 除かれた戸籍の個人事項証明書 除かれた戸籍の一部事項証明書	戸籍謄本 戸籍抄本 戸籍の記載事項証明書 除籍謄本 除籍抄本 除籍の記載事項証明書

戸籍をコンピュータ化するときに現に効力を有する事項のみを移記する改製方式を採用したため（平六・一〇・二一法務省令五一号、戸規附則第二条）、紙の戸籍において除籍された者や消除された事項又は現に効力を有しない事項等は、原則的にはコンピュータ化された戸籍には移記されていません。

したがって、移記されていない事項等について知りたいときは、紙戸籍（コンピュータ化によって改製原戸籍になっています。）の謄本を請求する必要があります。

なお、平成二九年一二月三一日現在、コンピュータ化庁は、全国市区町村数一、八九六のうち一、八九二市区町村です。

コンピュータシステムによる戸籍の見方は、次のとおりです。

付録第二十四号　第七十三条第一項の書面の記載のひな形（第七十三条第六項関係）の一部及び訂正事項

（6の1）　全部事項証明

1	本　　籍　① 氏　　名　②	東京都千代田区平河町一丁目１０番地 甲野　義太郎
2	戸籍事項 戸籍編製　③ 転　　籍	【編製日】平成４年１月１０日 【転籍日】平成５年３月６日 【従前の記録】 【本籍】東京都千代田区平河町一丁目４番地
3	戸籍に記録されている者	【名】義太郎 【生年月日】昭和４０年６月２１日　【配偶者区分】夫 【父】甲野幸雄 【母】甲野松子 【続柄】長男
4	身分事項 出　　生　④	【出生日】昭和４０年６月２１日 【出生地】東京都千代田区 【届出日】昭和４０年６月２５日 【届出人】父
	訂　　正　⑤	【訂正日】平成２２年９月１６日 【訂正事項】生年月日 【訂正事由】誤記 【許可日】平成２２年９月１２日 【従前の記録】 【生年月日】昭和４０年６月１１日 【出生日】昭和４０年６月１１日
	婚　　姻　⑥	【婚姻日】平成４年１月１０日 【配偶者氏名】乙野梅子 【従前戸籍】東京都千代田区平河町一丁目４番地　甲野幸雄
	養子縁組　⑦	【縁組日】平成３３年１月１７日 【共同縁組者】妻 【養子氏名】乙川英助 【送付を受けた日】平成３３年１月２０日 【受理者】大阪市北区長
	認　　知　⑧	【認知日】平成３５年１月７日 【認知した子の氏名】丙山信夫 【認知した子の戸籍】千葉市中央区千葉港５番地　丙山竹子
	戸籍に記録されている者	【名】梅子 【生年月日】昭和４１年１月８日　【配偶者区分】妻 【父】乙野忠治 【母】乙野春子 【続柄】長女

発行番号０００００００　　　　以下次頁

（6の2）　全部事項証明

	身分事項 出　　生	【出生日】昭和４１年１月８日 【出生地】京都市上京区 【届出日】昭和４１年１月１０日 【届出人】父
	婚　　姻	【婚姻日】平成４年１月１０日 【配偶者氏名】甲野義太郎 【従前戸籍】京都市上京区小山初音町１８番地　乙野梅子
	養子縁組	【縁組日】平成３３年１月１７日 【共同縁組者】夫 【養子氏名】乙川英助 【送付を受けた日】平成３３年１月２０日 【受理者】大阪市北区長
5	戸籍に記録されている者 除　　籍	【名】啓太郎 【生年月日】平成４年１１月２日 【父】甲野義太郎 【母】甲野梅子 【続柄】長男
	身分事項 出　　生	【出生日】平成４年１１月２日 【出生地】東京都千代田区 【届出日】平成４年１１月１０日 【届出人】父
	推定相続人廃除	【推定相続人廃除の裁判確定日】平成３２年３月１６日 【被相続人】父　甲野義太郎 【届出日】平成３２年３月２０日 【届出人】父 【送付を受けた日】平成３２年３月２３日 【受理者】大阪市北区長
	婚　　姻	【婚姻日】平成３３年３月６日 【配偶者氏名】丙野松子 【送付を受けた日】平成３３年３月１０日 【受理者】横浜市中区長 【新本籍】横浜市中区昭和町１８番地 【称する氏】夫の氏
		以下余白

発行番号０００００００

1は、本籍欄及び筆頭者氏名欄を表示します。
①は、本籍を表示します。本籍を表示する場合、字名までは、一、二、三等の和数字で表示し、本籍地番号は、アラビア数字で表示します。
②は、氏名を表示します。氏と名の文字の間には、一文字分のスペースを空けることになっています。
2は、戸籍事項欄といいます。ここには、戸籍編製事項、戸籍改製事項、転籍事項及び氏名変更事項等の事項が記録されます。

3は、戸籍に記録されている者の欄といいます。紙戸籍の身分事項欄の下部全欄に相当します。

4は、身分事項欄といいます。出生、認知、養子縁組、養子離縁、婚姻及び離婚等の事件の種別を表示し、その具体的内容は、その右側に記録されます。

5は、戸籍に記録されている者の欄に 除籍 と表示されている場合は、養子縁組、婚姻、離婚及び死亡等で除かれていることを意味します。
◎タイトルについて
③から⑧は、タイトルといいます。タイトルは、事件の種別ごとに付され、タイトルの位置によって、「基本タイトル」と「処理タイトル」に分かれます。
基本タイトルとは③、④、⑥、⑦及び⑧がこれに該当します。

処理タイトルとは、基本タイトルのすぐ下に表示されるもので、同タイトルの位置から二文字右に寄せて表示され、⑤がこれに該当します。

◎項目（インデックス）について

項目（インデックス）とは、【出生日】、【婚姻日】等をいいます。このインデックスは、現在の戸籍用紙に記載する文章形式の記載例を各要素ごとに分解し、その要素ごとに項目化しその情報内容を分かりやすく表示しています。

二　コンピュータ記載例

コンピュータシステムによる戸籍の記録事項証明書の記載事項は、コンピュータシステムによる記録事項証明書記載例に定められております（戸籍法施行規則第七三条）。

なお、戸籍の一部事項証明書及び除かれた戸籍の一部事項証明書は、相続人を確定する資料とはなりませんので本書での説明は省略します。

(1)　戸籍の全部事項証明書
(2)　戸籍の個人事項証明書
(3)　除かれた戸籍の全部事項証明書
(4)　除かれた戸籍の個人事項証明書

(1)　戸籍の全部事項証明書（戸籍に記録されている事項の全部を証明するものです。）

（1の1）　全部事項証明

本　　籍 氏　　名	東京都千代田区平河町二丁目１０番地 甲野　義太郎
戸籍事項 　戸籍編製 　転　　籍	【編製日】平成４年１月１０日 【転籍日】平成５年３月６日 【従前の記録】 　【本籍】東京都千代田区平河町一丁目４番地
戸籍に記録されている者	【名】義太郎 【生年月日】昭和４０年６月２１日　【配偶者区分】夫 【父】甲野幸雄 【母】甲野松子 【続柄】長男
身分事項 　出　　生	【出生日】昭和４０年６月２１日 【出生地】東京都千代田区 【届出日】昭和４０年６月２５日 【届出人】父
婚　　姻	【婚姻日】平成４年１月１０日 【配偶者氏名】乙野梅子 【従前戸籍】東京都千代田区平河町一丁目４番地　甲野幸雄
戸籍に記録されている者	【名】梅子 【生年月日】昭和４１年１月８日　【配偶者区分】妻 【父】乙野忠治 【母】乙野春子 【続柄】長女
身分事項 　出　　生	【出生日】昭和４１年１月８日 【出生地】京都市上京区 【届出日】昭和４１年１月１０日 【届出人】父
婚　　姻	【婚姻日】平成４年１月１０日 【配偶者氏名】甲野義太郎 【従前戸籍】京都市上京区小山初音町１８番地　乙野梅子
	以下余白

発行番号０００００００

これは、戸籍に記録されている事項の全部を証明した書面である。

平成　　年　　月　　日

何市区町村長　　氏　　　名　職印

(2) 戸籍の個人事項証明書（戸籍に記録されている者のうち一部のものについて記録されている事項の全部を証明するものです。）

（1の1）　個人事項証明

本　　籍 氏　　名	東京都千代田区平河町二丁目１０番地 甲野　義太郎
戸籍事項 戸籍編製 転　　籍	【編製日】平成４年１月１０日 【転籍日】平成５年３月６日 【従前の記録】 【本籍】東京都千代田区平河町一丁目４番地
戸籍に記録されている者	【名】ゆり 【生年月日】平成６年２月１５日 【父】甲野義太郎 【母】甲野梅子 【続柄】長女
身分事項 出　　生	【出生日】平成６年２月１５日 【出生地】東京都千代田区 【届出日】平成６年２月１６日 【届出人】父
	以下余白

発行番号０００００００

これは、戸籍中の一部の者について記録されている事項の全部を証明した書面である。

平成　　年　　月　　日

何市区町村長　　氏　　名　職印

(3) 除かれた戸籍の全部事項証明書（除かれた戸籍に記録されている事項の全部を証明するものです。）

除　　籍	（1の1）　全部事項証明
本　　籍 氏　　名	東京都千代田区平河町二丁目１０番地 甲野　義太郎
戸籍事項 略 戸籍消除	 略 【消除日】平成４６年５月１１日
戸籍に記録されている者 除　　籍	【名】義 太 郎 【生年月日】昭和４０年６月２１日 【父】甲野幸雄 【母】甲野松子 【続柄】長男
身分事項 略	 略
戸籍に記録されている者 除　　籍	【名】梅 子 【生年月日】昭和４１年１月８日 【父】乙野忠治 【母】乙野春子 【続柄】長女
身分事項 略	 略
死　　亡	【死亡日】平成４６年５月９日 【死亡時分】午後８時３０分 【死亡地】東京都千代田区 【届出日】平成４６年５月１１日 【届出人】親族　甲野英助
	以下余白

発行番号０００００００

これは，除籍に記録されている事項の全部を証明した書面である。

平成　　年　　月　　日

何市区町村長　　氏　　　名　職印

(4)　除かれた戸籍の個人事項証明書（除かれた戸籍に記録されている者のうちの一部のものについて記録されている事項の全部を証明するものです。）

除　　籍	（1の1）　個人事項証明
本　　籍 氏　　名	東京都千代田区平河町二丁目１０番地 甲野　義太郎
戸籍事項 　略 　戸籍消除	略 【消除日】平成４６年５月１１日
戸籍に記録されている者 除　　籍	【名】義太郎 【生年月日】昭和４０年６月２１日 【父】甲野幸雄 【母】甲野松子 【続柄】長男
身分事項 　出　　生	【出生日】昭和４０年６月２１日 【出生地】東京都千代田区 【届出日】昭和４０年６月２５日 【届出人】父
死　　亡	【死亡日】平成２６年５月３日 【死亡時分】午前５時 【死亡地】東京都千代田区 【届出日】平成２６年５月５日 【届出人】同居者　丙原正作
	以下余白

発行番号０００００　　　　　　　　以下次頁

これは、除籍中の一部の者について記録されている事項の全部を証明した書面である。

平成　　年　　月　　日

何市区町村長　　氏　　　名　職印

第三　戸籍を遡る

現行の戸籍は、市区町村の区域内に本籍を定める一の夫婦及びこれと氏を同じくする子ごとに編製され（戸六条本文）、一つの戸籍で夫婦であること、親子であること及び子同士の兄妹関係が一覧で分かるようになっています。そして戸籍が新しく編製されるには、その編製される理由が必ず記載されます（詳細は第二章「新戸籍編製と除籍」を参照してください。）また、新しく戸籍が編製される際は（棄児発見調書による場合、帰化及び就籍等の例外はあります。）、原則として、「いつ・どこの戸籍から入籍あるいは転籍」等と記載され、以前に在籍していた戸籍との関連性を明らかにしております。

一　通常の相続の場合

第一章で説明したように、死亡によって相続が発生した場合、被相続人について死亡時の戸籍から被相続人が一三歳位までの戸籍によって相続人を確定する必要があり、死亡時の戸籍から順次、古い戸籍を集めることになります。

これが「戸籍を遡る」ということです。

それでは、第一章で紹介した「佐藤太郎」の戸籍を遡ることにしてみましょう。

（2の1）　全部事項証明

1 死亡の届出によって除籍された被相続人佐藤太郎の現在戸籍

本　　籍 氏　　名	千葉県富里市七栄９１番地 佐藤　太郎
戸籍事項 　戸籍改製	【改製日】平成１９年3月3日 【改製事由】平成６年法務省令第５１号附則第２条第１項による改製
戸籍に記録されている者 除　　籍	【名】太 郎 【生年月日】昭和１０年6月4日 【父】佐藤義助 【母】佐藤ハナ 【続柄】長男
身分事項 　出　　生	【出生日】昭和１０年6月4日 【出生地】千葉県富里市 【届出日】昭和１０年6月9日 【届出人】父
婚　　姻	【婚姻日】昭和３４年5月１４日 【配偶者氏名】鈴木梅 【従前戸籍】千葉県富里市七栄９１番地　佐藤義助
死　　亡	【死亡日】平成２４年１０月８日 【死亡時分】午後1時１０分 【死亡地】千葉県富里市 【届出日】平成２４年１０月８日 【届出人】親族　佐藤梅
戸籍に記録されている者	【名】梅 【生年月日】昭和１２年9月5日 【父】鈴木勇 【母】鈴木ハツ 【続柄】長女
身分事項 　出　　生	【出生日】昭和１２年9月5日 【出生地】東京市下谷区 【届出日】昭和１２年9月１０日 【届出人】父
婚　　姻	【婚姻日】昭和３４年5月１４日

発行番号０００００００　　　　以下次頁

（2の2）　全 部 事 項 証 明

配偶者の死亡	【配偶者氏名】佐藤太郎 【従前戸籍】東京都台東区谷中坂町７３番地　鈴木勇 【配偶者の死亡日】平成２４年１０月８日
戸籍に記録されている者	【名】栄 子 【生年月日】昭和４５年３月７日 【父】佐藤太郎 【母】佐藤梅 【続柄】長女
身分事項 出　　生	【出生日】昭和４５年３月７日 【出生地】千葉県富里市 【届出日】昭和４５年３月１５日 【届出人】父
	以下余白

発行番号０００００

佐藤太郎は、平成二四年一〇月八日午後一時一〇分に千葉県富里市において死亡し、同日、親族である佐藤梅からの死亡の届出によって、除籍となりました。

佐藤太郎の除籍を記載した戸籍は、平成一九年三月三日に「平成六年法務省令等五一号附則第二条第一項によって改製」されたものです。これは紙戸籍によって編製されていた戸籍をコンピュータシステムによって登録する戸籍にしたことを明らかにしています（富里市は、平成一九年三月三日に戸籍法第一一八条第一項による指定を受け、コンピュータ化しました。）。

なお、紙戸籍に記載されている事項をコンピュータ化する場合、紙戸籍に記載されている事項を移記することになりますが、紙戸籍において除籍されている者は移記されませんのでくれぐれも注意して下さい。ただし、筆頭者については、除籍されていても移記しなくてはなりません。

それでは、佐藤太郎の死亡の記載のある戸籍から一つ遡ってみましょう。

2 被相続人佐藤太郎の改製原戸籍

改製原戸籍

本籍欄　／　戸籍事項欄　／　身分事項欄

欄	記載
本籍	千葉県印旛郡富里村七栄九十一番地（朱 富里市）
氏名	佐藤太郎
戸籍事項	婚姻の届出により昭和参拾四年五月拾四日夫婦につき本戸籍編製㊞
	平成拾四年四月壱日市制につき本籍欄更正
身分事項	印旛郡富里村七栄九十一番地ニ於テ出生父佐藤義助届出昭和拾年六月九日受附入籍㊞
	鈴木梅と婚姻届出昭和参拾四年五月拾四日受附千葉県印旛郡富里町七栄九十一番地佐藤義助戸籍より入籍㊞
父	佐藤義助
母	ハナ
続柄	長男
夫	太郎
出生	昭和拾年六月四日

筆頭者欄

東京市下谷区谷中坂町七十三番地ニ於テ出生父鈴木勇届出昭和拾弐年
九月拾日受附入籍㊞
昭和参拾四年五月拾四日佐藤太郎と婚姻届出東京都台東区谷中坂町七
十三番地鈴木勇戸籍より同日入籍㊞

父　鈴木勇　長女
母　ハツ
妻　梅
出生　昭和拾弐年九月五日

（出生事項省略）
昭和六拾弐年壱月弐拾日山本花子と婚姻届出千葉県印旛郡富里町七栄
九十一番地に夫の氏の新戸籍編製につき除籍㊞

父　佐藤太郎　長男
母　梅
一郎
出生　昭和参拾九年四月五日

婚姻したため除籍

（出生事項省略）

昭和六拾参年拾月拾日田中結子と婚姻届出東京都江東区亀戸一丁目七十四番地に夫の氏の新戸籍編製につき除籍㊞

父　佐藤太郎
母　梅
二男

二郎

出生　昭和四拾壱年六月四日

婚姻したため除籍

昭和四拾五年参月七日千葉県印旛郡富里村で出生同月拾五日父届出入籍㊞

父　佐藤太郎
母　梅
長女

栄子

出生　昭和四拾五年参月七日

2　佐藤太郎

この佐藤太郎の紙戸籍は、平成一九年三月三日にコンピュータ化（改製）されたため、改製原戸籍となったものです。戸籍の一葉目右上に 改製原戸籍 と表示されます。

この改製原戸籍は、昭和三四年五月一四日に佐藤太郎と鈴木梅の婚姻（夫の氏を称する）によって新しく編製されました。太郎は、本籍・千葉県印旛郡富里村七栄九十一番地、筆頭者・佐藤義助の戸籍から入籍しており、梅は、本籍・東京都台東区谷中坂町七三番地、筆頭者・鈴木勇の戸籍から入籍しております。

設例は太郎が死亡したことにより相続が発生しましたので、太郎について、さらに戸籍を遡る必要があります。

そこで太郎が梅と婚姻する前に在籍していた「千葉県印旛郡富里村七栄九十一番地、佐藤義助」、つまり太郎の父の戸籍を次にみてみましょう。

3 被相続人佐藤太郎の婚姻前の戸籍

改製原戸籍

本籍　千葉県印旛郡富里村七栄九十一番地

前戸主　佐藤清吉

（出生事項省略）

昭和参年拾弐月拾四日前戸主清吉死亡ニ因リ家督相続届出同月拾六日受附㊞

高橋ハナト婚姻届出昭和五年六月四日受附㊞

昭和参拾弐年法務省令第二十七号により昭和参拾四年六月拾五日あらたに戸籍を編製したため本戸籍消除㊞

戸主

前戸主ト ノ續柄　亡 佐藤清吉 長男

父　佐藤清吉

母　テエ

長男

佐藤義助

出生　明治参拾五年八月九日

太郎の祖父

太郎の父
清吉の息子

昭和参年拾弐月拾四日夫清吉死亡ニ因リ婚姻解消㊞
改製により新戸籍編製につき昭和参拾四年六月拾五日除籍㊞

母

父　松本留雄
母　カメ
長女

テエ

出生　明治拾四年弐月拾参日

太郎の祖母
清吉の妻

（出生事項省略）
東京市本所区向島押上町九十三番地保坂永次郎と婚姻届出昭和六年拾月八日東京市本所区長〇〇〇〇受附同月拾壱日送付除籍㊞

妹

父　佐藤清吉
母　テエ
長女

スミ

出生　明治参拾八年四月四日

太郎の叔母
婚姻により除籍

（出生事項省略）

千葉県山武郡二川村芝山八百五十五番地戸主高橋征二女昭和五年六月四日佐藤義助ト婚姻届出同日入籍㊞

妻

父　高橋征

母　サト

二女

ハナ

出生　明治四拾年壱月壱日

義助の妻
太郎の母

本籍ニ於テ出生父佐藤義助届出昭和八年六月九日受附入籍㊞

鈴木梅と婚姻夫の氏を称する旨届出昭和参拾四年五月拾四日受附千葉県印旛郡富里村七栄九十一番地に新戸籍編製につき除籍㊞

長男

父　佐藤義助

母　ハナ

長男

太郎

出生　昭和拾年六月四日

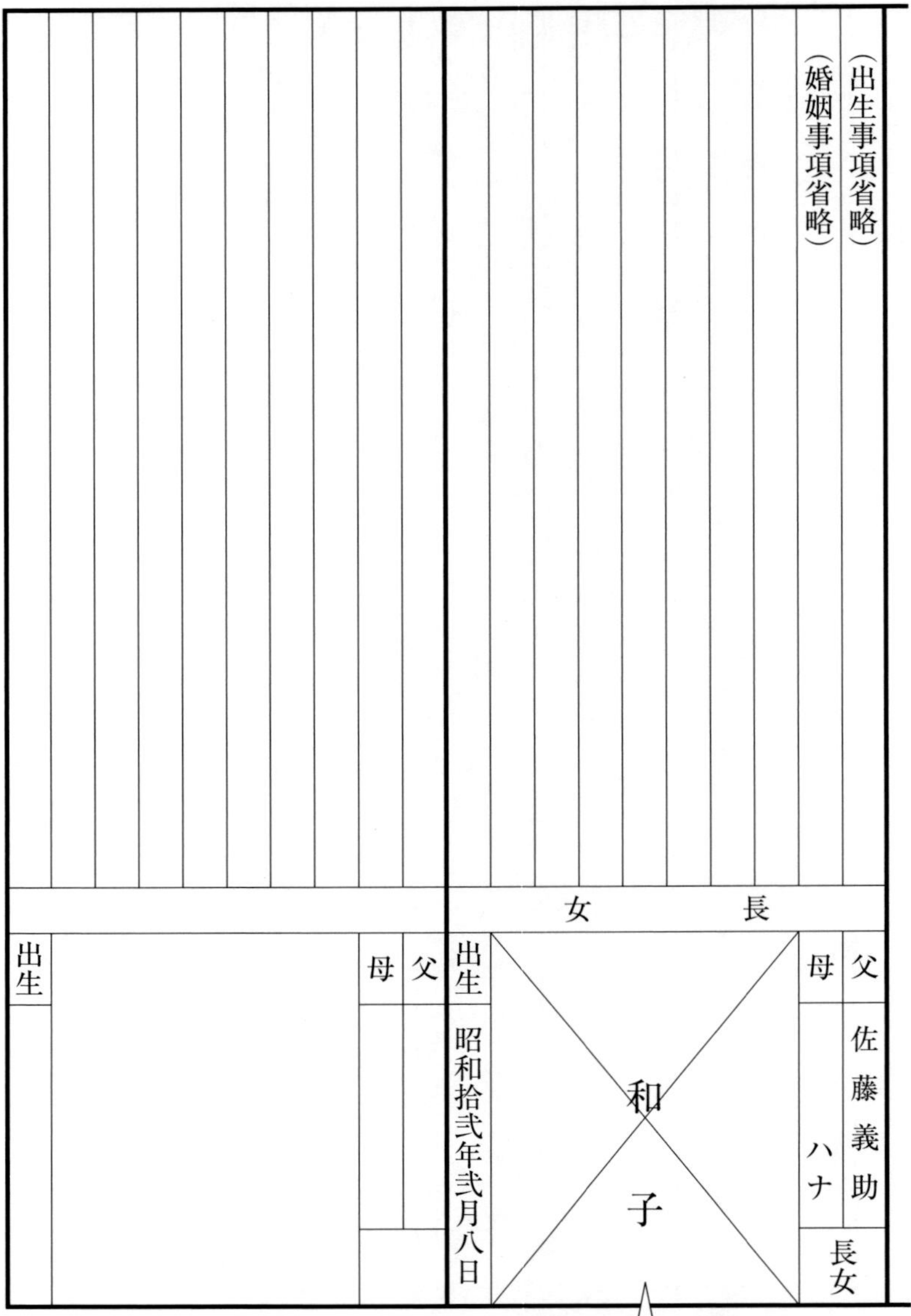
（出生事項省略）
（婚姻事項省略）
長　女
父　佐藤義助
母　ハナ
長女
出生　昭和拾弐年弐月八日
和子
出生
父
母
太郎の妹
婚姻により除籍

この戸籍は、昭和三年一二月一四日に前戸主の清吉が死亡し、義助が家督相続をしたことにより同月一六日に編製されたものです。

太郎は、昭和三四年五月一四日に鈴木梅と夫の氏を称する婚姻によって義助と同じ場所に新しく戸籍を編製したために除籍となりました。

その後、昭和三二年法務省令第二七号により昭和三四年六月一五日あらたに戸籍を編製したため戸籍は消除され、改製原戸籍となったものです。戸籍の一葉目右上に 改製原戸籍 と表示されます。

被相続人の太郎は、昭和一〇年六月四日生まれで、前掲3の戸籍は、昭和三年一二月一四日に父である義助が家督相続をしたことによって編製されたものです。これで太郎が出生したときから死亡したときまでの戸籍（1～3）が連続して揃ったことになります。

さて仮に、太郎が明治四四年生まれで平成二四年に一〇〇歳で死亡したとしましょう。昭和三年に前戸主の清吉の死亡により戸籍を編製したとき、太郎は一二歳になっていますので、さらに前戸主の清吉が戸主であったときの戸籍まで遡って相続人を確定しなくてはなりません。

また、太郎に関する戸籍を集めるなかで、かりに養子縁組や転籍の事実があれば、それらの関連する戸籍を入手しなくてはなりません。

以上の戸籍から被相続人太郎の相続人は、妻の梅、長男・一郎、二男・二郎、長女・栄子の四人ということになります。

なお、相続人である長男・一郎及び二男・二郎については、父母の戸籍から除籍となっており、このままでは生死が分かりません。相続人になるには、太郎が死亡したときに生存していなければなりませんので、同人等の現在戸籍（一番新しく編製した戸籍）が必要になります。次の戸籍が一郎及び二郎の現在戸籍となります（栄子については、父母の戸籍から除籍されていないので1の戸籍で足ります。）。

（1の1）　全 部 事 項 証 明

本　　　籍 氏　　　名	千葉県富里市七栄９１番地 佐藤　一郎
戸籍事項 　戸籍改製	【改製日】平成１９年３月３日 【改製事由】平成６年法務省令第５１号附則第２条第１項による改製
戸籍に記録されている者	【名】一郎 【生年月日】昭和３９年４月５日　　【配偶者区分】夫 【父】佐藤太郎 【母】佐藤梅 【続柄】長男
身分事項 　出　　生 　婚　　姻	（出生事項省略） 【婚姻日】昭和６２年１月２０日 【配偶者氏名】山本花子 【従前戸籍】千葉県富里市七栄９１番地　佐藤太郎
戸籍に記録されている者	【名】花子 【生年月日】昭和４０年８月９日　　【配偶者区分】妻 【父】山本治 【母】山本桐子 【続柄】二女
身分事項 　出　　生 　婚　　姻	（出生事項省略） 【婚姻日】昭和６２年１月２０日 【配偶者氏名】佐藤一郎 【従前戸籍】京都市上京区小山初音町２０番地　山本治
	以下余白

発行番号０００００００

（１の１）　全部事項証明

本　籍 氏　名	東京都江東区亀戸一丁目７４番地 佐藤　二郎
戸籍事項 戸籍改製	【改製日】平成１１年１１月２０日 【改製事由】平成６年法務省令第５１号附則第２条第１項による改製
戸籍に記録されている者	【名】二郎 【生年月日】昭和４１年６月４日　【配偶者区分】夫 【父】佐藤太郎 【母】佐藤梅 【続柄】二男
身分事項 出　生	（出生事項省略）
婚　姻	【婚姻日】昭和６３年１０月１０日 【配偶者氏名】田中結子 【従前戸籍】千葉県富里市七栄９１番地　佐藤太郎
戸籍に記録されている者	【名】結子 【生年月日】昭和４１年３月２０日　【配偶者区分】妻 【父】田中清 【母】田中孝子 【続柄】長女
身分事項 出　生	（出生事項省略）
婚　姻	【婚姻日】昭和６３年１０月１０日 【配偶者氏名】佐藤二郎 【従前戸籍】栃木県小山市中央四丁目８１番地　田中清
	以下余白

発行番号０００００

以上、佐藤太郎の相続については1～5の戸籍が必要となります。

本籍が遠方にある場合は、戸籍を入手するだけでも大変でしょう。ただ、相続で初めて親の戸籍を調べルーツを知った、という話も聞きます。親の戸籍を遡るという行為は、知らなかった家族の歴史を知るきっかけになるかもしれません。

二　数次相続の場合

平成二四年一〇月八日に夫・太郎が死亡し、相続が発生しましたが、法定相続あるいは遺産分割による相続が整わないうちに、妻・梅が死亡（例えば、平成二五年八月三〇日死亡）した場合はどうなるのでしょう。このような場合、夫婦の一方が死亡したときは、他方が相続人となります。したがって、夫婦が相次いで死亡したとき、後に死亡した配偶者は、先に死亡した配偶者の相続人となり、さらに被相続人となります。右の例を「数次相続」と称しています。

一次被相続人　佐藤太郎
平成二四年一〇月八日死亡
＝
二次被相続人　佐藤梅
平成二五年八月三〇日死亡

長男・一郎
二男・二郎
長女・栄子

一次被相続人・太郎の相続人を調査・確定する方法は、「一　通常の相続の場合」で説明したとおりです。

二次被相続人・梅の相続人を調査・確定する方法は、配偶者・太郎との間の子だけではなく、さらに太郎以外の者との間の子（太郎と婚姻する前の子）の有無について梅が一三歳位まで遡って戸籍を調査・確定をする必要があります。

前記の「死亡の届出によって除籍された太郎の現在戸籍1」中、梅の身分事項欄には、太郎との婚姻前は、「本籍・東京都台東区谷中坂町七三番地　筆頭者・鈴木勇」の戸籍に在籍していたことが分かります。

筆頭者・鈴木勇の戸籍を確認したところ、梅は佐藤太郎と婚姻する前に、他の者（岡田和雄）と婚姻し、その後、離婚して実家（鈴木勇）の戸籍に復籍しているような場合、梅の嫁ぎ先の戸籍で梅と配偶者・岡田和雄間の子の有無を調査・確定する必要があります。もし梅の子がいるのであれば、その者も梅の相続人となります。

改製原戸籍

本籍　東京市下谷区谷中坂町七十三番地

前戸主　鈴木勇吾

（出生事項省略）

（婚姻事項省略）

戸主

前戸主トノ續柄	鈴木勇吾長男
父	鈴木勇吾
母	カツ
	長男
（名）	勇
出生	大正弐年参月五日

（出生事項省略）
（婚姻事項省略）

妻

父　浜田清造
母　ヨシ
長女

ハツ

出生　大正四年八月七日

（出生事項省略）
岡田和雄と婚姻夫の氏を称する旨届出昭和参拾年拾弐月弐拾五日東京都千代田区長受附同月弐拾七日送付千代田区平河町二丁目八番地に新戸籍編製につき除籍㊞

長女

父　鈴木勇
母　ハツ
長女

梅

出生　昭和拾弐年九月五日

（出生事項省略）

夫岡田和雄と協議離婚届出昭和参拾弐年八月六日東京都千代田区長受附同月九日送付復籍㊞

佐藤太郎と婚姻夫の氏を称する旨届出昭和参拾四年五月拾四日千葉県印旛郡富里町長受附同月拾八日送付印旛郡富里町七栄九十一番地に新戸籍編製につき除籍㊞

出生

父　鈴木　勇

母　ハツ

長女

梅

出生　昭和拾弐年九月五日

※　梅の最初の婚姻によって入籍した筆頭者岡田和雄の戸籍の記載は省略しました。

梅の初婚の相手である岡田和雄との間に子がなかった場合、梅の相続人は、太郎の相続人と同じく長男・一郎、二男・二郎、長女・栄子の三人ということになります。

本例で、被相続人太郎の相続財産を法定相続する場合、一時的に亡梅子（持分二分の一）、一郎、二郎及び栄子（各持分六分の一）が相続し、二次的に亡梅子の持分二分の一を、さらに一郎、二郎及び栄子（各持分六分の一）が相続することになります。結局、一郎、二郎及び栄子の相続分は各自三分の一の持分になります。

第四　高齢者消除の記載

今から八年程前になりますが、全国の市区町村において、通常では生存しているとは考えられない一二〇歳以上で、所在不明の高齢者が相次いで明らかになり「無縁社会」とか「無縁死」と言われたことは記憶に新しいことと思います。

死亡の届出（戸八六条、戸規五八条等）又は失踪宣告の届出（戸九四条）によって、戸籍に死亡事項あるいは失踪宣告の事項が記載され、その者は戸籍から消除されます。

しかし、死亡の届出や失踪宣告の申立てが期待できない場合は、戸籍から消除することができず、いつまでも戸籍上、生存していることになり、戸籍と事実との不一致な状態が生じることになります。そこで、戸籍と事実を一致させる趣旨から、市区町村長は、管轄法務局の長の許可を得て、職権で戸籍の記載を消除する取扱いが認められています（戸四四条三項前段及び二四条二項、大五・二・三民一八三六号回答等）。

この高齢者消除の取扱いは、死亡の届出、又は失踪宣告の届出に基づいて戸籍から消除する場合とは異なり、あくまでも高齢者について一定の要件（一〇〇歳以上、九〇歳以上一〇〇歳以下及び一二〇歳以上の三通りについて、それぞれの要件があります。）に基づいて戸籍上の整理としての行政措置として戸籍事務の先例で認められたものです。死亡を原因として除籍の記載はされていても、あくまで死亡の推定に基づくものです。したがって、高齢者消除事項の記載された戸籍では相続開始等を証する書面とすることはできません（昭三二・一二・二七民事三発一三八四号回答）。

高齢者消除の記載のある者については、改めて死亡の届出をするかあるいは失踪宣告により死亡とみなされる日が戸籍に記載される必要があります。

除　　籍	（１の１）　全部事項証明
本　　籍 氏　　名	東京都千代田区平河町二丁目８番地 福沢　勇
戸籍事項 　戸籍編製 　戸籍消除	 （編製事項省略） 【消除日】平成２５年９月１０日
戸籍に記録されている者 除　　籍	【名】勇 【生年月日】明治３２年１月１日 【父】福沢善次 【母】福沢ハル 【続柄】長男
身分事項 　出　　生	 【出生日】明治３２年１月１日 【届出日】明治３２年１月１０日 【受理者】東京都千代田区長
高齢者消除	【高齢者消除の許可日】平成２５年９月８日 【除籍日】平成２５年９月１０日
	以下余白

発行番号０００００００

エピローグ ～太郎に認知した子どもがいた場合

戸籍を遡って確認した結果、被相続人・佐藤太郎さんの相続人は、妻と三人の子供が相続人と確定しました。

ところで冒頭の漫画で三人の子どもが「お父さんに隠し子がいたら……」と気にしてましたね。例えば、もし、太郎さんに三人以外に子どもがいたらどうなるでしょうか。戸主・佐藤義助の戸籍（改製原戸籍）を確認したところ、被相続人である太郎の身分事項欄に認知事項があった場合、認知をされた者も相続人となります。

改製原戸籍

本籍 千葉県印旛郡富里村七栄九十一番地

前戸主 佐藤清吉

（出生事項省略）
昭和参年拾弐月拾四日前戸主清吉死亡ニ因リ家督相続届出同月拾六日受附㊞
（以下省略）

戸主

前戸主トノ續柄 亡 佐藤清吉 長男

父 佐藤清吉
母 テエ
長男

佐藤義助

出生 明治参拾五年八月九日

父の本籍地へ届出

本籍ニ於テ出生父佐藤義助届出昭和拾年六月九日受附入籍㊞
東京都千代田区平河町一丁目十八番地及川弘美同籍弘を認知届
出昭和参拾参年弐月八日受附㊞
鈴木梅と婚姻夫の氏を称する旨届出昭和参拾四年五月拾四日受
附千葉県印旛郡富里村七栄九十一番地に新戸籍編製につき除籍㊞

長　男

父　佐藤義助
母　ハナ
長男

太郎

出生　昭和拾年六月四日

（以下省略）

父
母
出生

右の戸籍は、佐藤太郎が鈴木梅と婚姻する前に交際していた及川弘美との間に子（弘）が生まれたのですが、婚姻には至らず、認知をした例です。

その後、太郎は梅と婚姻し新戸籍を編製しましたが、認知者（太郎）の認知事項は移記されません（戸規三九条一項）。

認知された弘も相続人となりますので、弘が生存していることを確認する必要があり、弘についても他の子（一郎、二郎、栄子）と同様、相続登記申請の際は、弘の現在戸籍を添付しなくてはなりません。

弘の戸籍は、次のとおりです。

全部事項証明

本　　籍	東京都千代田区平河町一丁目１８番地
氏　　名	及川　弘美
戸籍事項 戸籍編製	【改製日】平成１２年３月４日 【改製事由】平成６年法務省令第５１号附則第２条第１項による改製
戸籍に記録されている者 除　　籍	【名】弘美 【生年月日】昭和１０年７月７日 【父】及川智 【母】及川恵子 【続柄】長女
身分事項 出　　生	省略
子の出生	【入籍日】昭和３０年１月２０日 【入籍事由】子の出生届出 【従前戸籍】京都市上京区小山初音町１８番地　及川智
死　　亡	【死亡日】平成２３年９月７日 【死亡時分】午後２時５分 【死亡地】京都市上京区 【届出日】平成２３年９月７日 【届出人】親族　及川弘
戸籍に記録されている者	【名】弘 【生年月日】昭和３０年１月７日 【父】佐藤太郎 【母】及川弘美 【続柄】長男
身分事項 出　　生	【出生日】昭和３０年１月７日 【出生地】京都市上京区 【届出日】昭和３０年１月２０日 【届出人】母
認　　知	【認知日】昭和３３年２月８日 【認知者氏名】佐藤太郎 【認知者の戸籍】千葉県印旛郡富里村七栄９１番地　佐藤太郎 【送付を受けた日】昭和３３年２月１０日 【受理者】千葉県富里村長

発行番号０００００００

嫡出でない子の認知に関する事項は、新戸籍が編製される等、戸籍の変動がある場合は、移記されます（戸規三九条一項・二号）。

弘を含めた相続関係説明図は、次のとおりです。

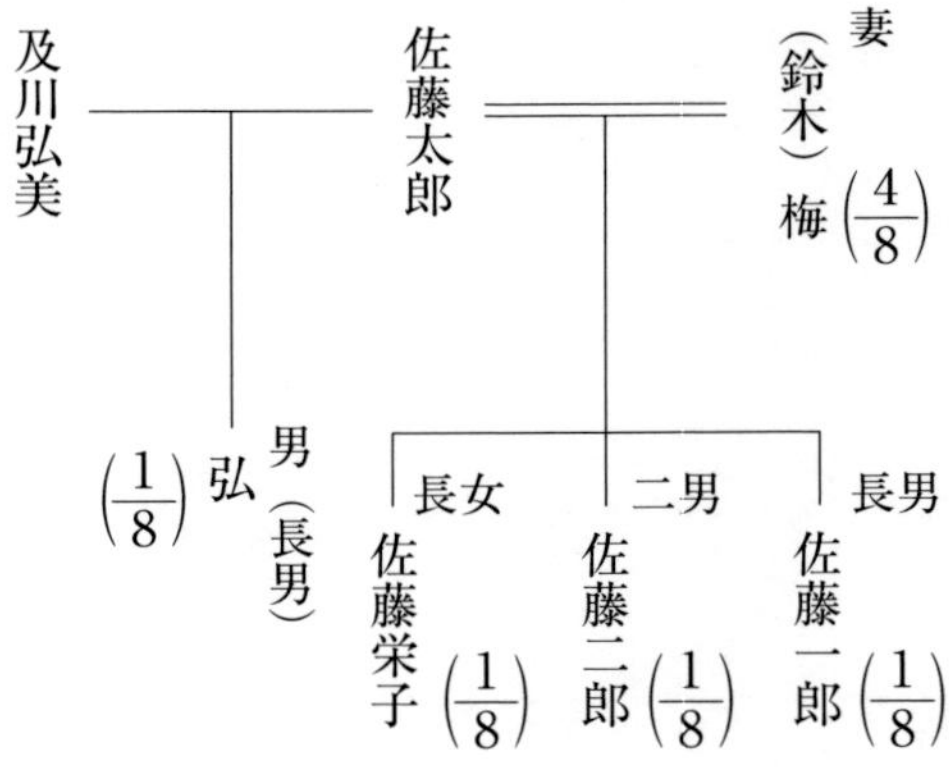

※　（　）内の数字は，相続人の法定相続分です。

嫡出でない子の相続分が嫡出子の二分の一との民法第九〇〇条第四号ただし書の規定は、憲法第一四条第一項で定める「法の下の平等」に違反しているとの訴えに対し、平成二五年九月四日最高裁判所大法廷において同条同号の規定は、「憲法に違反する。」との判決がありました。

その後、平成二五年一二月五日に民法の一部を改正する法律が成立（法第九四号）し、同月一一日に公布・施行され、嫡出でない子の相続分は、嫡出子の相続分と同等になりました。改正後の民法第九〇〇条第四号の規定は、平成二五年九月五日以後に開始した相続から適用されます（附則2項）。

ただし、平成一三年七月一日（違憲状態）から平成二五年九月四日までの間に開始した相続についても、遺産の分割を平成二五年九月四日の最高裁判所の決定後に行う場合は、違憲判断に従って、嫡出子と嫡出でない子の相続分は、同等として取り扱うことになります。

相続人間で相続によるトラブルが起きないようにするには、被相続人は遺言を残しておくのがよいでしょうが、最善の方法は、「子孫に美田を残さず。」ということでしょうか。

相続、無事にすんで良かったね
うん、そうだね
でも結局あの写真は誰だったんだろう？
後で聞いたら親戚のおばさんの妹のお姉さんの友達のお姉さんの妹だって
複雑すぎ…
でも取り越し苦労で良かったよ
しかし戸籍で色々わかるんだな
ハハハ
ガサガサ？
あれ、何の箱…
ニャアニャア
さあ…
さて、片付けに戻るか
今日で終わらしたいね
忙しい、忙しい
おしまい。
バイバイ

これでわかる！
相続で必要になる戸籍の見方・調べ方

2013年11月22日　初版発行
2021年7月20日　初版第5刷発行

著　者　篠　崎　哲　夫
発行者　和　田　　裕

発行所　日本加除出版株式会社
本　社　郵便番号 171-8516
東京都豊島区南長崎3丁目16番6号
TEL　(03)3953-5757（代表）
(03)3952-5759（編集）
FAX　(03)3953-5772
URL　www.kajo.co.jp
営業部　郵便番号 171-8516
東京都豊島区南長崎3丁目16番6号
TEL　(03)3953-5642
FAX　(03)3953-2061

漫画・イラスト　枝　作
組版　㈱郁文　／　印刷・製本（POD）　京葉流通倉庫㈱

落丁本・乱丁本は本社でお取替えいたします。
★定価はカバー等に表示してあります。

ISBN978-4-8178-4127-8